Cara a cara

Marty Knorre
UNIVERSITY OF CINCINNATI

John Lett, Jr.
UNIVERSITY OF ILLINOIS

William F. Ratliff
MARQUETTE UNIVERSITY

Patricia Boylan
OHIO STATE UNIVERSITY

Aristóbulo Pardo
OHIO STATE UNIVERSITY

HOLT, RINEHART AND WINSTON
New York   Toronto   London

Cara a cara

A BASIC READER FOR COMMUNICATION

Library of Congress Cataloging in Publication Data

Main entry under title:

Cara a cara.

   1. Spanish language—Readers. 2. Spanish
language—Conversation and phrase books. I. Knorre,
Marty.
PC4117.C275   468'.6'421   76-58857
ISBN 0-03-015306-9

Acknowledgments for the use of reading selections appear on page 197.

Cara a cara
by Marty Knorre, John Lett, Jr., William F. Ratliff, Patricia Boylan,
and Aristóbulo Pardo

Illustration Credits: (*by page number*)

Sybil Shelton from Monkmeyer Press Photo Service: iii, 159
Michal Heron from Monkmeyer Press Photo Service: vi, 9
Misha Erwitt from Magnum: 6
Wide World Photos: 7, 67, 97
Shackman from Monkmeyer Press Photo Service: 16
Julia Sommer: 20
Gilbert Garnier from Photo Trends: 25
Courtesy Standard Oil Company, New Jersey: 26
Christy Park from Monkmeyer Press Photo Service: 38
United Nations: 49
International Labour Office: 51
J. Bermudez, Columbus Memorial Library Central Photographic Unit: 61
Betty Adams from Monkmeyer Press Photo Service: 63
Helena Kolda: cover, 84
Jerry Frank: 104, 107
William Harris: 113
RCA: 119
Foto MAS, Barcelona: 132
Fujihira from Monkmeyer Press Photo Service: 139
Frank Latz Miller from Black Star: 145
Michael Mauney, Life Magazine, © Time Inc.: 146
Robert Rapelye/Photography International from Editorial Photocolor Archives: 151, 158
Courtesy Peugeot: 157 (top)
Courtesy Chrysler France: 157 (bottom)

Drawings by Shelley Brenner Baird

Contenido

PRIMER NIVEL

SEGUNDO NIVEL

TERCER NIVEL

Preface

Cara a cara, A Basic Reader for Communication, has a twofold purpose: (1) to develop reading skills through the use of carefully graded selections that present themes of human and cultural interest, and (2) to develop communication skills through activities that focus on meaningful, personal communication.

Cara a cara was written because of our firm conviction that what students have to say is important. They bring to the classroom their knowledge, their experiences, their opinions—all of which are worth sharing. *Cara a cara* proposes to help students express their ideas in Spanish by providing a large number of communication activities reflecting a wide variety of themes. While using *Cara a cara,* students will have the opportunity to learn about other cultures, about each other, and about themselves. As they become increasingly aware of the similarities and differences among cultures and among individuals, it is our hope that they will become more and more appreciative of both . . . and that they will enjoy the richness of the diversity around them.

Introduction to the teacher

Students learning Spanish need to use the language to say things that really matter to them, and this is the reason behind *Cara a cara*. As implied by the subtitle, *A Basic Reader for Communication*, the text's existence rests squarely upon the premise that students *want* to communicate with each other, that they *need* practice in the creative use of language if they are to acquire the ability to speak fluently, and that they *will* express their ideas in Spanish if they are provided with interesting topics and sufficient linguistic structure within which to operate.

Organization

1. *Levels.* There are 19 chapters in *Cara a cara*, arranged in three levels. Level I employs the first 500 words from Rodríguez Bou's *Recuento de vocabulario español* (Universidad de Puerto Rico, Río Piedras, 1952) and Buchanan's *A Graded Spanish Word Book* (Toronto, 1927), plus the present tense and commands. Level II adds the next 500 words from each list and the preterite, imperfect, and progressive tenses. Level III includes 500 more words and the present perfect and past perfect tenses. Except for recognizable cognates, all other words are glossed in the margin. A word or expression is reglossed if it appears in a later chapter within the same level, permitting the relatively independent selection of units within a given level.

2. *Readings.* Each of the 19 chapters' of *Cara a cara* begins with a reading selection. Most are adapted from contemporary Spanish or Latin American periodicals, and each was chosen for its potential human interest value and/or its cultural interest. The readings are followed by the *Notas culturales y lingüísticas*, which provide information about specific cultural or linguistic points referred to in the reading, and the *Guías para la lectura*, reading hints that offer the student specific strategies for developing their reading skill in Spanish.

3. *Activities.* The most important feature of *Cara a cara* is the *Actividades*. These activities focus on communication in Spanish and invite students to express their own opinions, judgments and ideas on themes related to the readings. At the same time they provide students with the linguistic support and structure to enable them to do so.

After "communication," "flexibility" is the key word for *Cara a cara*, especially in the activities. They may be used in large-group, small-group, or individual instruction. After the initial activity, which is always a content-comprehension check, the activities are sequenced from the easier, more highly structured formats to the more open-ended formats, concluding with the *Dígame* section of each chapter. The inclusion of a large number of activities is intended to provide options for both teacher and students, and the number and types of activities that are actually used in any one classroom will depend upon the needs, interests, and abilities of the students as well as the time constraints of the classroom situation.

Furthermore, the activities may be used to develop any or all of the four language skills. In most cases the instructions omit words such as "write" or "prepare an oral report" in order to leave those decisions up to you and your students. And finally, because the activities encourage the expression of the student's own ideas and opinions, there are, from a communication point of view, very few wrong answers and usually many correct ones.

In short, we have tried to provide a book that is both flexible and yet systematically organized, a book that will be a time-saver and an aid to the teacher who is trying to provide increased communication in the classroom. We have enjoyed preparing Cara a cara. We hope that you will find it useful.

Introduction to the student

Welcome to an adventure—getting to know more about yourself and those around you as you meet them cara a cara. This book was written with you in mind and we think that you should know something about it before you begin to use it.

As a Spanish student, you may have set for yourself the long-range goal of being able to communicate with other people in Spanish. As a unique human being—a person, a son or daughter, a classmate, a friend—you are already accustomed to communicating with others. Although you may be used to sharing your thoughts easily in English, you may have encountered some frustration when trying to do the same thing in Spanish. While Cara a cara cannot magically give you the language ability that comes only with more practice, it can and will make it possible for you to share some of your own ideas in Spanish right now.

Each chapter of Cara a cara contains a reading selection of human or cultural interest, a reading that will suggest topics that you might like to talk about. Most of these selections come from Spanish or Latin American magazines or newspapers, and they deal with a wide variety of topics. The readings are followed by the Notas culturales y lingüísticas, notes that give you more cultural and language information, as well as Guías para la lectura, some hints that can help you learn to read Spanish faster and with more enjoyment.

But the readings, the Notas, and the Guías are only a part of Cara a cara. The other part—and perhaps the most enjoyable—is the Actividades. These activities will give you a chance to say what you think about things and to learn what your classmates think as well. Some are rather simple tasks, such as simply indicating your personal choices from those provided in an activity; others involve more complicated interviews and open-ended questions for discussion, such as those in the final section of each chapter, Dígame. The important thing about the activities is that they can help you get better acquainted with other cultures, with other people in your own class, and with yourself, all while you are learning more Spanish. It's an opportunity to discover similarities and differences and to enjoy the diversity around you.

We have enjoyed preparing Cara a cara for you. We hope that you will learn a lot as you use it, and that you, too, will enjoy it!

Un hombre de mundo

Gorki es chimpancé tiene 11 años

A Gorki le encanta° pasear con chicas lindas; *taking walks*
también le gustan las bromas° y le gusta sentarse
en un café con celebridades de la televisión. Gorki
es elegante: lleva[1] trajes ingleses y camisas italia-
5 nas. Solamente le faltan zapatos.° ¿Por qué no los
lleva? Es muy fácil: Gorki es . . . un chimpancé.

Aunque no es humano y sólo tiene once años, ya
es una celebridad. Lo conocemos como « Chita », la
compañera de Tarzán, en la serie televisada en los
10 Estados Unidos.

A . . . Gorki is extremely fond of practical jokes

le . . . he lacks shoes

1

A este chimpancé le gustan todas las atenciones que recibe. Siempre está muy contento cuando un fotógrafo quiere sacarle la foto.° También le gusta hablar con actores, conversar con bailarinas famo-
15 sas, sentarse en compañía de mujeres elegantes y sobre todo besar° a chicas bonitas. En vez de° un chimpancé domesticado, parece ser un hombre de mundo. Su domesticador, el famoso Derol Kiner, dice: « Estoy muy orgulloso° de ser el maestro de
20 Gorki en muchas cosas, pero nunca le enseño a be- sar muchachas ni a apretar cinturas ».°

Sí . . . el travieso y sinvergüenza de° Gorki en verdad parece humano . . . demasiado° humano.

sacarle . . . to take his picture

sobre . . . especially kiss /
  En . . . Instead of

proud

apretar . . . squeeze waists
el . . . mischievous and shameless
too

Adaptación de un artículo de *Caretas: Ilustración peruana* (Lima)

Notas culturales y lingüísticas

1. The verb *llevar* can be used in various ways:
   a. To take (to transport something or someone): *Voy a lle- var este vino a la fiesta. Voy a llevar a Rogelio en mi coche.*
   b. To wear: *Marta lleva pantalones blancos.*
   c. To be (time spent in a place): *Llevo diez años aquí.*
   d. To get along with people (reflexive): *Paco se lleva bien con Luisa.*

Guía para la lectura

When reading you can often guess the meaning of an unknown word because it looks like an English word. Words that are similar and have similar meanings are called cognates. Some words are spelled exactly like their English equiva- lents: *café, televisión, actor.* Others may have a spelling that varies from English in a rather predictable way:

celebri**dad**	celebri**ty**	*foto*	**ph**oto
liber**tad**	liber**ty**	*filosofía*	**ph**iloso**ph**y
*fam**oso***	fam**ous**	*comp**añía***	comp**any**
*nervi**oso***	nerv**ous**	*monoton**ía***	monoton**y**
*autori**zar***	authori**ze**	*apreci**ar***	appreci**ate**
*teor**ía***	the**ory**	*situ**ar***	situ**ate**

actividades

A. ¿Comprende Ud.?

Check your understanding of the reading selection by answering the following questions. In light of what you have learned about Gorki's personality, decide what he would do in each situation.

1. Gorki tiene dos días de vacaciones; prefiere . . . .
   a. sacar fotos de las montañas
   b. ir a la playa para mirar a la gente
   c. hacer *camping*

2. El sábado cuando está con una chica, Gorki prefiere . . . .
   a. ir a un club nocturno para bailar
   b. conversar sobre el arte prehistórico de África
   c. ir al jardín zoológico

3. Cuando ve a un fotógrafo, Gorki . . . .
   a. siempre trata de escaparse
   b. no sabe qué hacer
   c. está muy contento

4. Gorki va a comprar ropa nueva; va a comprar . . . .
   a. pantalones importados
   b. *bluejeans*
   c. zapatos de tenis

5. En general Gorki prefiere . . . .
   a. estar solo, porque es muy tímido
   b. estar con otros animales
   c. estar con gente simpática

la blusa

los anteojos para el sol

el bikini

la minifalda

el vestido de noche

los zapatos de tenis

las botas

las medias

la corbata

el suéter

la camisa

el frac

los *bluejeans*

el pijama

B. ¿Qué lleva Ud.?

Indicate whether you agree or not with each of the following statements (*Estoy de acuerdo / No estoy de acuerdo*). If you disagree with a statement, tell what you might wear instead.

1. Cuando voy a un banquete formal llevo frac y corbata.
2. Cuando voy a la playa llevo zapatos, medias y pijama.
3. Cuando voy a la ópera llevo bikini.
4. Cuando duermo llevo vestido de noche y anteojos para el sol.
5. Cuando voy a hacer *camping* llevo *bluejeans* y botas.
6. Cuando voy a una fiesta de estudiantes llevo minifalda y suéter.
7. Cuando voy a un baile llevo frac y zapatos de tenis.
8. Cuando voy de picnic en el campo llevo bikini y anteojos para el sol.

C. Los gustos

Everyone likes some things better than others. Make sentences expressing your own likes and dislikes by combining elements from each column. The question marks indicate that you may add other words that express your feelings. You may want to share your ideas with some of your classmates.

	la limonada en invierno
	comer hamburguesas
	andar en la lluvia
Me encanta(n)	sacarles fotos a mis amigos
Me gusta(n)	andar sin zapatos
Me gusta(n) un poco	hacer *camping* en las montañas
	el boxeo
No me gusta(n) mucho	tener el coche de mi padre los sábados por la noche
No me gusta(n)	las bromas
No me gusta(n) nada	tomar medicinas
	los políticos
	trabajar sin dormir dos días y una noche
	¿ —— ?

D. ¿Animales o personas?

People the world over have pets. Foreign visitors often notice that in the United States we tend to "humanize" our pets, especially cats and dogs, but they may not realize how widely we differ in the extent to which we do so. Many of us treat our pets almost as if they were real people. Others of us love our pets just as much but . . . as pets, not as human beings. Where do you fit in? If you had a cat or a dog, how would you treat it? The following questionnaire can help you find out. For each item indicate the extent to which you agree or disagree by using the numbers 1 to 5 (5 = maximum agreement); then read the interpretation of your score. You might want to discuss your answers with someone else, perhaps with someone whose score was very different from yours.

___5___ 1. Los animales deben tener un nombre.

___3___ 2. Los animales deben llevar ropa *clothes* cuando hace frío.

___5___ 3. Los animales deben tener su propio médico.

___1___ 4. Los animales deben poder jugar en las sillas, en el sofá, etc. *should be able to play*

___3___ 5. Los animales deben poder dormir en la cama de un miembro de la familia.

___1___ 6. Los animales deben comer comida humana si les gusta.

___3___ 7. Los animales deben ir de vacaciones con la familia.

___5___ 8. Los animales deben tener amigos y deben poder jugar con ellos.

___5___ 9. Los animales deben recibir regalos de Navidad como nosotros. *gift*

___5___ 10. Los animales deben vivir en la casa con la familia.

36 TOTAL

6 *Un hombre de mundo*

Interpretaciones

37–50: Para Ud., un animal es una persona especial—tiene todos los privilegios de la familia.

23–36: Para Ud., un animal es a veces persona y a veces animal—depende de las circunstancias.

10–22: Para Ud., un animal es un animal, no es una persona; aunque es parte de la familia, tiene su propio lugar.

Dígame

1. Describa Ud. un animal doméstico. Puede ser su propio animal o un animal imaginado. Si necesita inspiración, lea las siguientes preguntas y el cuestionario anterior.
   a. ¿Qué tipo de animal es?
   b. ¿Cómo se llama?
   c. ¿Cómo prefiere Ud. pasar el tiempo con su animal?
   d. ¿Es su animal como un miembro de la familia? ¿En qué aspectos?
   e. ¿Cómo es la personalidad de su animal? ¿Cuándo está triste? ¿contento?
2. Imagínese que Ud. es un animal. ¿Qué animal quiere ser? ¿Por qué?

2

Cartas a doña Amelia

Estimada° doña[1] Amelia:

    Soy estudiante universitaria y leo su columna en el periódico todos los días. Me parece que Ud. ofrece consejos útiles° a sus lectores.° Por eso creo
5 que Ud. es una señora muy práctica y que puede ayudarme. Mi problema es éste: estoy aburrida.°

    Mis clases me aburren. Mis profesores siempre dicen cosas superficiales. Mis estudios me resultan mecánicos. Mis amigas son aburridas:°[2] sólo quie-
10 ren hablar de su ropa y de sus novios. Mi vida es una rutina: las mismas personas, las mismas cosas en la televisión, la misma comida en la cafetería.

    Quiero dar una dirección a mi vida, pero no sé por dónde empezar. ¿Qué me aconseja° Ud?

15   Sinceramente,
                          Lupe Seco y García[3]

Dear (lit., esteemed)

consejos … useful advice / readers

bored

boring

advise

Estimada doña Amelia:

    Tengo problemas y no tengo con quien hablar. Generalmente soy un hombre de buen humor, pero
20 en estos días estoy muy enojado.°

    Me gusta la vida que tengo. Soy administrador de un banco y tengo un apartamento bonito en la ciudad. No me falta nada. Pero . . . mi madre. Me llama todos los días por dos razones.° Ella cree que
25 necesito casarme pronto porque tengo treinta y cinco años y todavía estoy soltero.° También me dice que es mejor vivir en el campo con la familia, pero prefiero la ciudad.

    Quiero° a mi madre, pero sus llamadas telefóni-
30 cas° me enojan mucho. ¿Qué debo hacer?

                       Atentamente,
                   Rafael Moreno y Castro

angry

reasons

single

I love

llamadas … telephone calls

¡Hola, doña Amelia!

¿Qué tal? Me llamo Miguel. Tengo siete años. Mi
35 mamá dice que Ud. lo sabe todo. ¿Es verdad? Espero que sí porque estoy triste. ¿Quiere saber por
qué? Pues, mi amiguita[4] Tina no me habla. No
puedo encontrar mi cochecito[4] favorito, y mi perro
está enfermo. Mi mamá dice que soy un niño malo
40 porque nunca quiero comer. Por eso ella no me
deja mirar la televisión. Doña Amelia, si Ud. lo
sabe todo, dígame: ¿Qué puedo hacer? Escríbame,
por favor.

Su amigo,

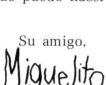

45 P.D.[5] Doña Amelia, Ud. sabe que no soy un niño
malo. Por favor, dígale a mi mamá que soy bueno.

Estimada doña Amelia:

Siempre leo su columna y noto que muchas personas que le escriben no son felices. Comprendo
50 bien que siempre vamos a tener situaciones que
nos frustran. Sin embargo,° creo que podemos escoger° la manera como reaccionamos ante° estas situa-
55 ciones. Por ejemplo, conozco a una señora vieja
que lleva cuatro años en la cama.° Debe ser muy
pesimista, pero no lo es.° Siempre piensa en otras
personas. Escribe cartas a otros enfermos y prepara
vendas para la Cruz Roja.° Esa señora no puede
60 cambiar° las circunstancias de su vida, pero no es
una persona infeliz. Es una mujer admirable.

Gracias por la oportunidad de expresarme.

Sinceramente,
Esperanza Rodríguez y
Santander

Sin . . . Nevertheless
choose / in the face of

que . . . who has been confined
to bed for four years
no . . . she isn't

vendas . . . bandages for the
Red Cross
change

1. In Spanish, *don* and *doña* are titles of respect used only before first names: *don Rafael, doña Amelia.*

2. Some adjectives in Spanish have different meanings depending on whether they are used with *ser* or *estar. Aburrido* is such an adjective. *Roberto está aburrido* means "Roberto is bored"; *Roberto es aburrido* means "Roberto is boring."

3. In most areas of the Spanish-speaking world each person has two last names. In the name *Lupe Seco y García, Seco* is the father's last name and *García* is the mother's maiden name. Many Spaniards and Latin Americans omit the word *y: Lupe Seco García.* Sometimes the second last name is abbreviated with the initial: *Lupe Seco G.* Other times it is omitted completely: *Lupe Seco.*

4. *Amiguita* and *cochecito* are diminutive forms of the words *amiga* and *coche.* They express the idea of smallness or affection. Two of the most frequently used diminutive endings are *-ito* and *-cito.*

5. *P.D.*, from the Latin *post data*, is the equivalent of our P.S.

Sometimes your knowledge of the meaning of one Spanish word will help you to guess the meaning of another. There are many word families for which this is true. The meanings of all words in a word family are in some way related to the meaning of the root that they all have in common.

Verbs	Nouns	Adjectives
estudiar	**estudi**ante, **estudi**o	**estudi**oso
utilizar	**util**idad	**útil**
aburrir	**aburr**imiento	**aburr**ido
telefonear	**teléfon**o	**telefón**ico
a**consej**ar	**consej**os	a**consej**able

Note that the word ending can often help you identify the grammatical category of the word.

actividades

A. ¿Comprende Ud.?

Referring to the four letters you have just read, decide whether each of the following statements is true or false. If a statement is false, change it to make it true.

1. Lupe está muy contenta porque tiene una vida muy variada.
2. Lupe desea cambiar su manera de vivir.
3. Rafael quiere casarse pronto.
4. A Rafael no le gusta la vida en la ciudad.
5. Miguel está contento con la opinión que su mamá tiene de él.
6. Miguel cree que doña Amelia lo puede ayudar.
7. Esperanza cree que es posible tener problemas y todavía ser feliz.
8. Esperanza describe la actitud positiva de su madre.

B. ¿Quién es el autor?

Due to limitations of space in her newspaper column, doña Amelia has to eliminate parts of the letters she receives. Below are some lines that were not printed. Who might have written them: Lupe? Rafael? etc.

1. Mi madre también dice que siempre dejo mis zapatos en la sala.
2. No me gusta el lugar donde vivo porque todos los cuartos tienen las mismas camas, las mismas mesas, las mismas lámparas.
3. Mi madre dice que no debo comprar cosas innecesarias, pero yo sé usar el dinero. ¡Es mi trabajo!
4. Ella es tan buena y tan amable que todos los niños siempre quieren ir a su casa. Es como una abuela para ellos.
5. Todas sus fiestas son infantiles: sólo toman vino y tocan la guitarra.
6. Ella no me permite hacer nada. No entiendo, doña Amelia. No quiero ser malo.

C. ¿Cuándo está Ud. contento?

Read each of the following items and arrange in order the four possible answers. Number the answers from 1 to 4, using the number 1 to indicate the place or situation where you are most content (and so on) and the number 4 to indicate where you are least content (and so on). You may want to compare your answers with those of some of your classmates.

1. Estoy contento (-a) . . . .   *content*
   _____ cuando tengo mucho dinero
   _____ cuando estoy con mis amigos
   _____ cuando estoy de vacaciones
   _____ después de comer

2. Estoy nervioso (-a) . . . .   *nervous*
   _____ en una motocicleta
   _____ cuando voy a ver al dentista
   _____ cuando tengo que contestar en clase
   _____ cuando voy a una fiesta y no conozco a casi nadie

3. Estoy enojado (-a) . . . .   *angry*
   _____ cuando los malos políticos ganan las elecciones
   _____ cuando no tengo tiempo para terminar un examen
   _____ cuando una persona me acusa falsamente
   _____ cuando mi coche no funciona

4. Estoy aburrido (-a) . . . .   *bored*
   _____ en casa
   _____ cuando miro la televisión
   _____ cuando estoy solo (-a)
   _____ cuando una persona habla mucho y no dice nada

5. Estoy entusiasmado (-a) . . . .   *enthusiastic*
   _____ durante un partido de fútbol
   _____ cuando empiezan las vacaciones
   _____ el día de mi cumpleaños
   _____ cuando un viejo amigo viene a verme

6. Estoy inspirado (-a) . . . .   *inspired*
   _____ cuando estoy con una persona sincera
   _____ cuando leo un libro que tiene nuevas ideas
   _____ cuando estoy en las montañas
   _____ durante un servicio religioso

D. Conozca Ud. a sus compañeros

As a class or in small groups, participate in the following conversation activity. A question is asked: *¿Dónde está Ud. contento?* Each person gives an answer. For example: *Estoy contento en casa; Estoy contenta en las montañas.* After everyone has answered the question, each person tells something about someone else. For example: *Juan está contento en casa; Anita está contenta en las montañas.* Following the same procedures, do this activity using other adjectives such as *entusiasmado, triste, aburrido, inspirado, nervioso,* and *enojado.*

E. ¿Cómo está Jorge?

Read each thumbnail sketch. Given the circumstances, how do you think each person might feel? Why? You may want to share your ideas with your classmates.

Example: Hoy es el cumpleaños de Jorge. Su padre le da una motocicleta. ¿Cómo está Jorge?

Possible answers: *Jorge está triste porque quiere un coche.*
Jorge está entusiasmado porque es su primera motocicleta.
Jorge está nervioso porque no sabe nada de motocicletas.

1. Josefina va a pasar tres horas en el museo de arte con su padre.

2. María es una nueva estudiante en la universidad. Esta noche va a su primera fiesta.

3. Pablo y Conchita van a casarse esta tarde.

4. Es el 24 de diciembre. La señora Johnson vive en Nueva York y va a Macy's para comprar regalos para toda la familia.

5. Hoy es sábado. Joselito está en casa con su mamá y no puede salir porque llueve mucho.

6. Doña Pilar va a visitar a su hija que vive en otra ciudad muy lejos. Por eso tiene que ir en avión.

7. Joaquín es un astronauta que va a la luna.

F. La Persona del Año

The following is a brief biography used in nominating doña Amelia for "Woman of the Year":

>   Quiero nominar a mi tía Amelia Hernández y Berríos para el título de « Mujer del Año ». Ella es una señora de cuarenta y seis años y tiene seis hijos.
>   Creo que mi tía debe recibir este honor porque ayuda a muchas personas. Es columnista y ofrece consejos muy útiles y prácticos a las personas que le escriben.
>   Creo que mi tía Amelia debe ser la « Mujer del Año ».

Using the above sample as a model, prepare a biographical sketch that you might use to nominate someone for the title "Man or Woman of the Year." Your statement should tell briefly who the person is, what he or she is like, and why he or she should win.

Dígame

Las cartas a doña Amelia revelan mucho sobre la vida de las personas que le escriben. ¿Cómo es la vida de Ud.? El siguiente cuestionario lo puede ayudar a hablar de sus intereses y de su manera de vivir. O, si Ud. prefiere, puede hacer preguntas a un compañero (-a) de clase y completar el cuestionario para él o para ella.

Nombre: _____

Los estudios

¿Qué materias estudia Ud.? _____

¿Prefiere Ud. estudiar en casa o en la biblioteca? _____

¿Cúal es su clase favorita? _____

   a. ¿Es difícil? _____

   b. ¿A qué hora es? _____

La familia

¿Cuántas personas hay en su familia? _____

¿Tiene Ud. hermanos? _____ ¿Cuántos? _____

   a. ¿Cuántos años tiene el mayor? _____ ¿el menor? _____

   b. ¿Cuántos años tiene Ud.? _____

¿Vive su familia en el campo o en la ciudad? _____

   a. ¿Qué prefiere Ud.? _____

   b. ¿Por qué? _____

¿Vive su familia en una casa o en un apartamento? _____

   a. ¿Qué prefiere Ud.? _____

   b. ¿Por qué? _____

El tiempo libre

¿Mira Ud. la televisión? _____

   a. ¿Cuántas horas por semana? _____

   b. ¿Qué programas le gustan más? _____

¿A Ud. le gusta leer? _____

   a. ¿Qué libros le gustan? _____

   b. ¿Lee Ud. un periódico? _____ ¿Cuál? _____

¿Escribe Ud. muchas cartas? _____ ¿A quién? _____

¿Le gustan los deportes? _____

   a. ¿Participa Ud. en algún deporte? _____

   b. ¿En cuál? _____

3 Un futuro por sólo $20.000,00[1]

Si Ud. tiene 20 mil dólares, y si tiene bastante fe° y no desea morir, debe llamar o escribir inmediatamente al doctor Roberto Nelson, Valle de San Fernando, California. Él le puede ofrecer a Ud. la posibilidad de encontrar remedio°—dentro de 30 ó 50 años—a las enfermedades que hoy resultan incurables. También le puede ofrecer la posibilidad de « resucitarlo »° a Ud. en un mundo diferente.

Esto parece inexplicable, pero . . . es fácil entenderlo. El doctor Nelson es el creador de un sistema que permite conservar los cuerpos° refrigerados a una temperatura de 120 grados bajo cero. El sistema es para individuos con enfermedades que son incurables hoy, pero que pueden tener remedio en

fe° — faith

remedio° — cure, remedy

resucitarlo° — revive

cuerpos° — bodies

15 el futuro. Estas personas, entonces, deciden conge-
larse° para conservarse en « estado de suspensión — to be frozen
biológica » hasta el descubrimiento° de un remedio — discovery
científico. Los 20 mil dólares garantizan el sosteni-
miento° y—tal vez—la resurrección. Los cuerpos es- — garantizan . . . guarantee their maintenance
20 tán guardados° en el Valle de San Fernando, en un — kept
lugar muy hermoso donde siempre reina la paz.° — reina . . . peace reigns

En los Estados Unidos ya hay por lo menos° 20 — ya . . . there are now at least
personas que « viven » en este estado. El interés au-
menta° rápidamente: existen mil candidatos, perso- — is increasing
25 nas que creen firmemente en la teoría de la animación suspendida.

El doctor Nelson admite que muchas de las personas que están congeladas tienen pocas posibilidades de ser resucitadas. Pero . . . siempre existe la
30 esperanza.° — hope

Adaptación de un artículo de *Vanidades* (México)

Guía para la lectura

Before you begin to read a selection, it is often helpful to try
to anticipate what kind of information you will find in it. The
following should help you to do so:

1. Look at the title. Does it give you any clues as to what
the article will be about? (*Un futuro por sólo $20.000,00*)
2. Look carefully at any drawings or photographs that accompany the reading selection. What clues might they
offer? (Someone is frozen.)
3. Read the comprehension questions based on the content of the reading selection. They will give you an idea
of what information you will find. (. . . *enfermedades* . . .
cuerpos . . . *conservados* . . . *resucitarse* . . . *hibernación* . . .)

Using these strategies you will be better prepared to begin
reading . . . and better able to guess the meanings of unknown words and constructions.

actividades

A. ¿Comprende Ud.?

Check your understanding of the reading selection by choosing the most accurate completion for each of the following statements.

1. Hay muchas enfermedades que . . . .
   a. hoy no tienen cura
   b. el Dr. Nelson puede curar

2. El sistema del Dr. Nelson . . . .
   a. garantiza la vida eterna
   b. permite congelar a los que no tienen cura ahora

3. Los cuerpos conservados . . . .
   a. están a una temperatura baja
   b. deben escribirle al Dr. Nelson

4. Las posibilidades de resucitar después . . . .
   a. dependen de la enfermedad que uno tiene
   b. no son muchas

5. El proceso de hibernación cuesta mucho porque . . . .
   a. el sistema es nuevo y complicado
   b. el valle de San Fernando es muy hermoso

B. ¡Viva la Causa!

There are always groups of people who wish to change aspects of today's society in order to create a better tomorrow. They often use slogans to promote their causes. What causes would you like to promote? Meet with some classmates and compose some slogans for things you would like to see occur in the future. The lists below will provide you with some ideas.

	el dinero
	los insectos
	el divorcio
	la vida eterna
Cambiar	comidas sin calorías
Curar	a los bebés
Eliminar	las dietas
Descubrir	el trabajo
Crear	el servicio gratis de teléfono
Inventar	los problemas de tráfico
Celebrar	la paz
Aceptar	el egoísmo
¿ ——— ?	los relojes
	la suerte
	los anuncios comerciales
	los viajes a la luna
	¿ ——— ?

C. ¿Qué mundo prefiere Ud.?

Imagine that you are going to be put into a state of suspended animation. If you could choose from the four worlds described below, which one would you prefer to wake up in? Which one would you least like to wake up in?

Mundo Número 1: En este mundo no hay ciudades. Todos viven en el campo, porque allí siempre hay tranquilidad y aire fresco. No existe el dinero porque uno puede encontrar, cultivar o hacer todo lo que necesita para vivir.

Mundo Número 2: Éste es un mundo donde todo es de todos. En esta sociedad cada persona tiene su propio trabajo, pero el dinero que gana es para todos. Las personas no tienen posesiones individuales, porque no es necesario: si uno necesita algo, otro lo ayuda.

Mundo Número 3: Este mundo ofrece todo lo bueno de la tecnología sin lo malo. Hay automación para todo lo que uno necesita—el trabajo no es necesario. Por eso uno tiene mucho tiempo libre para hacer lo que quiere: cultivar sus talentos, gozar de sus pasatiempos y estar con la familia.

Mundo Número 4: Éste es un mundo sin países y sin gobiernos—todos son completamente libres de hacer lo que quieren. Sin embargo, no hay problemas, porque cada persona respeta a todos los otros.

Dígame

Imagínese que mañana va a ocurrir una serie de explosiones nucleares por todas partes del mundo. Los efectos de la radiación van a estar en la atmósfera durante unos 50 años. La única salvación para la raza humana está en California con el Dr. Nelson—él va a congelar a algunas personas que van a resucitar después de los 50 años. Estas personas van a restablecer la vida humana. El problema es que solamente hay facilidades para congelar a cinco personas, y Ud. tiene que seleccionarlas. Hay doce candidatos. Recuerde que ellos van a restablecer la vida humana en este planeta. ¿A quiénes va Ud. a seleccionar?

PROFESIÓN	NACIONALIDAD	EDAD	ALGUNAS CARACTERÍSTICAS
clérigo	alemán	35	Liberal, optimista; le gusta la gente.
atleta	escandinavo	25	Simpático; respetado por todos, pero un poco egoísta. Se interesa por causas liberales como El Movimiento de la Emancipación de la Mujer.
médica	griega	50	Algo egoísta, pero una mujer de mucha determinación.
policía	argentino	26	Simpático; humanitario, pero realista.

escritora	francesa	27	Le gustan las nuevas experiencias. Se interesa por la historia, y escribe cuentos históricos. Ella y su marido, también escritor, están esperando un niño.
banquero	suizo	41	Realista, conservador; tiende a ser optimista. Le gusta estar con gente.
agricultor	norteamericano	65	Egoísta, conservador; prefiere estar solo. Todavía trabaja en su finca en Iowa.
bailarina	rusa	23	Mujer bellísima, dedicada a su arte. Su personalidad cambia frecuentemente. No le interesa la política, pero sí la humanidad.
actriz	italiana	38	No es conocida especialmente por su belleza física, sino por su comprensión de las emociones humanas. Es muy activa en las causas humanitarias.
arquitecto	árabe	48	Hombre cosmopolita, bien educado. Trabaja en varias organizaciones dedicadas a la paz internacional. Le gusta hacer *camping*.
maestro	japonés	53	Instructor de escuela primaria; todavía idealista. Le gusta mucho trabajar con los niños porque ve en ellos la esperanza. Prefiere la vida de la ciudad.
ingeniero	surafricano	62	Inventor—puede resolver problemas difíciles. No le gustan las mujeres « modernas » ni muchas de las causas liberales.

¡Lo invitamos a Panamá!

HAGA LAS MALETAS° . . . ¡LO INVITAMOS A PANAMÁ!

Por unos $500,00 usted puede pasar
siete días y seis noches en

LA BELLA° PANAMÁ

5 (El precio° incluye: vuelo de ida y vuelta° de Nueva York a
Ciudad de Panamá, hotel, comida y excursiones indicadas.)

VEA USTED LA HISTORIA Y EL PROGRESO

—En el Museo Nacional hay obras° artísticas de varias
culturas de hoy y del pasado.

10 —La Ciudad Vieja, primera ciudad de Panamá, des-
truida por° el pirata Henry Morgan en 1671.
—Panamá Colonial, donde está la Iglesia de San José
con su famoso Altar de Oro.
—El gran Canal de Panamá—la octava maravilla del

15 mundo.° Vea los grandes barcos° de todas partes del
mundo que esperan el paso por el canal.

VISITE USTED LUGARES ROMÁNTICOS

—Vaya usted en barco a la pequeña isla de Taboga—
« El Capri del Pacífico ». Nade, tome el sol y goce de°

20 un bello panorama tropical.
—Tome usted un autobús a uno de los pintorescos pue-
blos del interior. En el Valle de Antón, visite los mercados al aire libre° y compre productos hechos a
mano.° ¡Va a tener que regatear!° [1]

Haga . . . Pack your suitcases	
beautiful	
price / vuelo . . . round-trip flight	
works	
destruida . . . destroyed by	
octava . . . eighth wonder of the world / ships	
goce . . . enjoy	
mercados . . . open-air markets	
hechos . . . handmade (*lit.*, hecho = made) / to bargain, to haggle	

25 COMA USTED PLATOS DELICIOSOS

—Conozca esta capital verdaderamente internacional,
ciudad que ofrece comidas orientales, americanas y
europeas. Vaya también a un restaurante de comida
nacional, y pida los famosos mariscos° o el delicioso   shellfish
30   seviche° panameño.   marinated fish

COMPRE USTED *SOUVENIRS*[2]

—Panamá es el Hong Kong del Hemisferio Occidental.
Compre usted perfumes franceses o cámaras japone-
sas a precios muy bajos. Para tener un buen *souvenir*
35   de Panamá, compre unas molas° hechas por los in-   hand-appliquéd, decorative
dios Kunas.   textiles

DIVIÉRTASE USTED°

—Baile en las discotecas modernas de la capital.
—Vea una pelea de gallos° o una carrera de caba-
40   llos.° (Invitación especial incluida en el precio del
viaje.)
—Vaya a ver uno de los grandes *shows*[2] internacionales
en su hotel. Escuche la música de famosos cantantes
hispanoamericanos.

Para más información, escriba usted a:

> LA AGENCIA DE TURISMO YE-YE[3]
> Apartado° 346, Panamá 6,
> República de Panamá

Diviértase . . . Enjoy yourself,
  have a good time

pelea . . . cockfight
carrera . . . horse race

Post Office Box

Ciudad de Panamá

1. *El regateo* (v. *regatear*), or the act of bargaining, is a common custom in Hispanic countries. When one shops for anything in an open-air market, including food, he or she usually bargains for the price. This may also occur in small shops. However, in many other stores, especially larger department stores, items will be priced and the buyer is not expected to bargain.

2. Every language takes elements from other languages, especially vocabulary. Spanish has borrowed many words from English in science, technology, sports, fashions, and food and drink:

líder	leader	*suéter*	sweater
béisbol	baseball	*cóctel*	cocktail

Borrowed words, however, change somewhat when they enter the Spanish language, especially in pronunciation; the English pronunciation of many of them probably would not be understood by a native speaker of Spanish:

estándares	standards	*jersey*	jersey
estandarizar	standardize	*hamburguesa*	hamburger

3. The travel agency mentioned here is fictitious, although the places described in the brochure are authentic.

One of the best ways to guess the meanings of unknown words and phrases is to use logically what you already know about the real world — facts, relationships, probabilities—to help you guess. The preceding reading is a travel brochure whose purpose is to lure its readers to Panama. You can expect to find certain things in such a brochure . . . and if you look for them it will be easier to read. In short, you are using what you already know to help you guess more intelligently.

El Canal de Panamá

actividades

A. ¿Comprende Ud.?

Basing your response on what you have read in the preceding travel brochure, complete each of the following statements to show what one might do in Panama.

1. Para comer bien, uno puedo . . . .
2. Para tomar el sol, uno puede . . . .
3. Para divertirse, uno puede . . . .
4. Para ver la historia de Panamá, uno puede . . . .
5. Para obtener *souvenirs*, uno puede . . . .
6. Para conocer Panamá, uno puede . . . .

B. ¡Vamos a Panamá!

The following five categories offer possible things to do in Panama. Rank the items in order of your personal preference. Then choose a traveling companion and plan an imaginary trip. Try to agree on the things you most want to do.

Dónde comer
_____ en un restaurante nacional no-turístico
_____ en un restaurante nacional elegante
_____ en un restaurante japonés (o chino, o americano, etc.)

Espectáculos que ver
_____ una pelea de gallos
_____ las carreras de caballos
_____ un *show* internacional de canto y baile

Qué visitar
_____ la Ciudad Vieja
_____ el Museo Nacional
_____ la Iglesia de San José

Excursiones que hacer

_____ Canal de Panamá
_____ Taboga, « El Capri del Pacífico »
_____ un pueblo pintoresco del interior

Cómo pasar el tiempo libre

_____ ir a discotecas
_____ buscar *souvenirs* en los mercados
_____ pasear por la ciudad

C. Desde aquí hasta allí

How do you get from here to there? Make original sentences by combining elements from each column.

		al museo		
		a Madrid		
		a la iglesia		en avión
	de mi casa	al campo		en barco
	de Los Ángeles	a la escuela		en tren
	de Chicago	a Hawaii		en coche
Para ir	de Nueva York	al centro	voy	en motocicleta
	de la ciudad	a Bermuda		en autobús
	de París	a Panamá		en bicicleta
	¿ _____ ?	a casa de		a caballo
		mis amigos		a pie
		a México		
		al cine		
		¿ _____ ?		

D. En la Agencia de Viajes

Imagine that you are a tourist agent and need to give advice to each of the following people. Which vacation would you suggest for each of them? You may want to discuss your suggestions with some of your classmates.

Clientes

1. Eleanor Peabody es una señora de cincuenta años y tiene dos semanas de vacaciones. Su esposo ya no vive y por eso ella va a viajar sola. Es una mujer de muchos intereses y energía.

2. Los Brooks tienen cuatro hijos de unos cuatro a diez años de edad. Son muy buenos padres y siempre piensan en la educación de sus niños. Tienen dos semanas de vacaciones durante el mes de julio.

3. Vicente Cardoso es un español que trabaja en una compañía de construcción en Barcelona. No le pagan mucho, pero acaba de ganar la lotería nacional. Con ese dinero, va a visitar a su hermano José que vive en Nueva Jersey. Los dos hermanos van a viajar juntos.

4. Stuart Marshall es un hombre sofisticado. Tiene unos treinta años y le gusta divertirse. No tiene problemas con el dinero . . . es parte del *jet-set*.

Vacaciones

1. ir a Vermont a esquiar
2. visitar Disneylandia
3. gozar de la playa en Florida
4. hacer *camping* en un parque nacional
5. ir a Nueva York para asistir al teatro
6. ir a Williamsburg, Virginia, para ver una ciudad colonial
7. ir a los casinos en Las Vegas
8. pasar unas vacaciones tranquilas en una casita de Cape Cod
9. hacer un safari fotográfico en África
10. gozar de la vida nocturna de Acapulco
11. hacer una excursión por Europa—diez países en catorce días
12. visitar ruinas arqueológicas en Centroamérica
13. vivir con una familia en Buenos Aires
14. ¿ _____ ?

E. Una promoción turística

Your own home town or area of residence could be an exotic place for someone from another part of the world. Think about where you live and prepare a vacation brochure. In promoting your area you might want to consider the following:

1. ¿Qué hay de interés histórico? ¿edificios? ¿museos? ¿otros lugares?

2. ¿Hay algunos restaurantes que sirven una comida especial de la región?

3. ¿Qué clase de diversión ofrece?
   a. ¿Hay lugares para practicar deportes acuáticos?
   b. ¿Hay una región de campo especialmente atractiva para hacer *camping* o para montar a caballo? ¿Hay un parque nacional?
   c. ¿Hay discotecas? ¿teatro? ¿cine?
   d. ¿Hay lugares para jugar al béisbol (al tenis, etc.)?

Dígame

Si Ud. va de turista a un país extranjero, en general puede hacer solamente observaciones superficiales. Sin embargo, si Ud. vive en ese país, puede conocer mejor la vida diaria y ver la diferencia de su vida en los Estados Unidos. La siguiente selección viene del diario de una estudiante norteamericana que vive con una familia en Colombia. Mientras Ud. la lee, note la manera de hacer compras allí.

Sogamoso, Colombia
25 de marzo de 1975

. . . La señora de la familia—la llamo mamá—siempre tiene que levantarse temprano. Primero prepara el desayuno y luego manda a sus hijos a la escuela. Todos los días va al mercado para comprar el pan. Aunque hay supermercados aquí, mamá prefiere los mercados al aire libre. Allí puede comprar todo fresco porque todos los días los campesinos traen sus productos para vender. Me parece una costumbre curiosa ir al mercado con tanta frecuencia cuando hay refrigerador en casa, pero mamá me explica que ella lo hace más por tradición que por necesidad.

Aunque hay mercado cada día en esta ciudad, el mercado es mucho más grande los martes. Quiero ir con mamá un martes cuando vienen todos los vendedores de la región y uno puede comprar de todo: comida, productos hechos a mano y ropa. Pienso comprar algunas cerámicas para llevar a mi familia en los Estados Unidos ... Mamá me dice que no debo ir sola—a veces los vendedores piden demasiado y yo no sé regatear. Es un arte que tengo que aprender . . . .

1. ¿Cómo compran Uds. la comida en su familia? ¿dónde? ¿con qué frecuencia? Prepare una breve descripción.

2. Compare Ud. estas costumbres con las costumbres de la familia colombiana. ¿En qué aspectos son diferentes? ¿similares?

3. El regateo no es muy común en los Estados Unidos ... pero existe. ¿Dónde? ¿En qué circunstancias?

5

Así escribo, así soy

Así escribo

Así soy

Si Ud. quiere conocerse a sí mismo,° no es siempre necesario consultar a un psiquiatra,° ni contestar muchos cuestionarios psicológicos. Según° los especialistas en grafología,° Ud. puede
5 aprender mucho con sólo estudiar su propia escritura.° Ellos creen que Ud. proyecta su personalidad en su manera de escribir. Naturalmente, esto significa que otras personas también pueden conocerlo a Ud. por su escritura. Por eso, los grafólogos pres-
10 tan sus servicios° en muchas situaciones. Por ejemplo, ayudan a las grandes corporaciones a seleccionar empleados° con personalidad apropiada para cada tipo de trabajo. En los tribunales,° los grafólogos ayudan a identificar al posible autor de un do-
15 cumento importante. Y aun muchos psiquiatras emplean la grafología como « grafoterapia »° para conocer y tratar° mejor a sus pacientes.

conocerse . . . to know yourself
psychiatrist

According to / handwriting
　　analysis

handwriting

prestan . . . make their services
　　available (*lit.*, **prestar** = to
　　lend)
employees
courts

"graphotherapy"

treat

Pero, ¿qué aspectos de la escritura revelan su personalidad? ¡Casi todos! Por ejemplo, su escritura
20 puede ser vertical o inclinada. Si es más o menos

vertical,

indica que Ud. es más intelectual que emocional;
piensa muy analíticamente y prefiere resolver sus
propios° problemas. Si su escritura se inclina   own

hacia la izquierda,

Ud. es una persona sincera, leal° y muy cari-   loyal
25 ñosa.° Pero es difícil conocerlo a Ud. porque general-   affectionate
mente no revela sus sentimientos a otros. Además
le gusta ser diferente—un poco bohemio, tal vez.
Si su escritura se inclina

hacia la derecha

más de lo normal, Ud. es sensible° y sentimental   sensitive
30 . . . a veces demasiado° sentimental. También es ge-   too
neroso, sincero y muy cariñoso. Tiene gustos sen-
cillos°—no es una persona presumida.°   gustos . . . simple tastes /
                                                    pretentious, "show-offy"
¿Conecta Ud. las letras o las escribe separadas?
Si casi siempre

las conecta,

35 Ud. es práctico, lógico y prudente; no toma decisiones impulsivamente, y después de decidir, no

tiende a cambiar de opinión.° Si casi

nunca conecta las letras

es Ud. muy listo° y tiene mucha imaginación.
Toma decisiones rápida e intuitivamente, y general-
40 mente forma sus preferencias a la primera impresión.

El tamaño° de su escritura también tiene importancia. Si Ud. escribe en tamaño

menor que el normal,

Ud. es una persona de extraordinaria inteligencia
45 que piensa mucho y habla poco. Es muy perceptivo—puede interpretar bien y rápidamente cualquier situación. Irónicamente, muchas veces tiene
poca confianza° en sí mismo. Si escribe en tamaño

mayor que el normal,

Ud. tiende a ser generoso, valiente y entusiasta.
50 Pero también puede ser extravagante, nervioso y
un poco egotista, cualidades que se encuentran en
muchos buenos artistas.° [1]

Hay muchos más detalles que los grafólogos estudian, y el proceso es bastante complicado: ¡no es
55 posible hacer un buen análisis de escritura en
cinco minutos! ¿Por qué? Porque ninguna característica de su escritura existe sola, y es necesario
considerar cada una en combinación con las otras.
Además, para llegar a una interpretación correcta,
60 hay que estudiar varios ejemplos de la escritura de
un individuo. Un solo ejemplo puede reflejar° una
condición o actitud del momento—como la fatiga o
la depresión—y no una característica estable° de la
persona.

no . . . don't tend to change your mind

clever, witty

size

confidence

entertainers

reflect

stable

Ahora bien, éstas son precauciones que siguen
los grafólogos profesionales. Sin embargo,° no es
necesario hacer un análisis tan complicado si Ud.
sólo quiere divertirse° un poco. ¿Por qué no exa-
mina Ud. su escritura para ver si dice la verdad
70 sobre su personalidad? ¡Puede ser muy interesante!

Sin . . . Nevertheless

to enjoy yourself, have a good
 time

Notas culturales y lingüísticas

1. The English word "entertainer" has no direct translation in Spanish. The word used in Spanish depends on the perspective of the speaker. When an entertainer refers to himself, he usually says: *Soy artista.* When someone else refers to an entertainer, he may say: *Es animador.*

Guía para la lectura

As you read, certain "cue words" will give you a hint as to what kind of information follows. *Sin embargo* and *pero* are usually followed by information that contrasts with or in some way contradicts a preceding idea. On the other hand, words like *además, también,* and *otra cosa* usually anticipate more of the same kind of information.

actividades

A. ¿Comprende Ud.?

Basing your decision on the reading selection, decide whether each of the following statements is true or false. If a statement is false, change it to make it true.

1. La grafología es el arte de escribir bien.
2. Los grafólogos piensan que la escritura puede revelar la personalidad.
3. Es muy fácil hacer un análisis de escritura.
4. Es mejor analizar un solo ejemplo de la escritura de una persona—muchos ejemplos pueden traer confusión.
5. No es necesario ser grafólogo profesional para divertirse con el estudio de la escritura.

B. La grafología en el empleo

Part I: Imagine that you have been hired by an employment agency to interpret the handwriting of job applicants. Your task today is to provide the agency with all the information you can infer from the following sample:

Apellidos: Avila Contreras

Nombres: Federico Alejandro

Domicilio: Avenida Bernardo O'Higgins, 601, Apto. 8

Población: Viña del Mar, Chile

Prepare your report by choosing all the appropriate completions for each of the following statements.

1. La inclinación de la escritura indica que el escritor . . . .
   a. es sincero y leal
   b. prefiere resolver sus propios problemas
   c. es difícil de conocer
   d. es sensible y sentimental
   e. es un poco bohemio
   f. es más intelectual que emocional
   g. no revela sus sentimientos a otros

2. La manera de conectar las letras indica que el escritor . . . .
   a. es práctico, lógico y prudente
   b. es muy listo
   c. tiene mucha imaginación
   d. no cambia fácilmente de opinión
   e. forma sus gustos a la primera impresión
   f. piensa mucho antes de tomar una decisión
   g. toma decisiones rápida e intuitivamente

3. El tamaño de la escritura revela que el escritor . . . .
    a. es muy perceptivo
    b. tiene poca confianza en sí mismo
    c. tiene extraordinaria inteligencia
    d. es generoso, valiente y entusiasta
    e. es extravagante y nervioso
    f. piensa mucho y habla poco
    g. es un poco egotista

Part II: Now that you know something about this job applicant, imagine that you are the president of the employment agency. Which of the following jobs might you recommend to the applicant? Why? You may wish to make your decision with a group of classmates.

PUESTO: Director de Recreación

RESPONSABILIDADES: Coordinación de programas de recreación en los parques municipales. Supervisión de los líderes de programas deportivos y culturales. Preparación de nuevos programas para jóvenes de 12 a 18 años de edad. Publicidad para el Departamento Municipal de Recreación.

PUESTO: Secretario Ejecutivo

RESPONSABILIDADES: Ser secretario, ayudante y confidente del presidente de una compañía electrónica. Estar presente en las reuniones de los directores de la compañía; viajar mucho. Tener personalidad muy agradable, porque es necesario tener contacto con muchos tipos de personas.

PUESTO: Jefe de la Línea de Producción de una Compañía de Bicicletas

RESPONSABILIDADES: Supervisión de los trabajadores en la línea de producción. Reuniones frecuentes con el Jefe de Producción. Promoción de las buenas relaciones entre los trabajadores y la administración de la compañía.

C. Ud. es grafólogo

Now try analyzing your own handwriting or that of a friend. Do the results accurately reflect what you know about your own (or your friend's) personality? Some adjectives you may wish to use are provided below.

amable	imaginativo (-a)	paciente
ambicioso (-a)	impaciente	pensativo (-a)
analítico (-a)	impulsivo (-a)	perceptivo (-a)
bohemio (-a)	independiente	práctico (-a)
cariñoso (-a)	intelectual	pretencioso (-a)
dinámico (-a)	inteligente	prudente
egotista	introvertido (-a)	reservado (-a)
emocional	irresistible	responsable
enérgico (-a)	irresponsable	sensible
entusiasta	leal	sentimental
exacto (-a)	listo (-a)	sincero (-a)
extravagante	lógico (-a)	solitario (-a)
extrovertido (-a)	modesto (-a)	triste
generoso (-a)	nervioso (-a)	valiente

D. Juego: ¿Quién es?

Personality traits are not the only things that characterize individuals—we also notice how people look, what they do, and what their tastes are. Use what you know about famous personalities in the following game.

1. Choose a famous personality and announce the appropriate category:

   actor o actriz de cine   *músico*
   personaje de televisión   *político*

2. Answer yes-no questions from your classmates until they discover the identity of your famous personality.

   Example: If you chose Walter Cronkite, you would say: *Es un personaje de televisión.*
   Your friends might ask a series of questions like these:

   ¿Es actor? (*No*)
   ¿Es detective? (*No*)
   ¿Tiene su propio programa? (*Sí*)
   ¿Es un programa semanal? (*No*)
   ¿Es un programa de todos los días? (*Sí*)
   ¿Anuncia las noticias? (*Sí*)
   ¿Es mujer? (*No*)
   ¿Es joven? (*No*)
   ¿Es Walter Cronkite? (*Sí*)

This game can be played by any number of people from two up to an entire class. If desired, two or more groups might compete.

The adjectives that follow describe physical characteristics and may be used in addition to the ones you already know.

joven	guapo (-a)	gordo (-a)	alto (-a)	rubio (-a)
viejo (-a)	feo (-a)	flaco (-a)	bajo (-a)	moreno (-a)

Dígame

Para algunas personas la personalidad es la cosa más importante de su vida. ¿Qué importancia tiene para Ud.?

¿Es importante tener una buena personalidad? ¿Por qué?

¿Qué otras cosas tienen la misma importancia para Ud.?

¿En qué situaciones es más importante la personalidad?

¿Quiere Ud. ser más elegante?

¿Está Ud. preocupado por° su presentación° personal y por la impresión que da a sus amigos? Si Ud. dice que sí, esto no me sorprende.° Es que esta preocupación es universal. Ud. y yo lo sabemos muy bien, amigo lector.° Además lo sabe el mundo de los negocios. Y esto también es universal.

Mientras Ud. lee los siguientes anuncios,° piense en su reacción personal hacia ellos. ¿Son similares a otros anuncios que Ud. conoce? ¿Tiene ganas de comprar algunos de los productos anunciados aquí? ¿Qué hay en estos anuncios que le llama la atención?°

preocupado . . . concerned about (*lit.*, preocupado = worried) / appearance
surprise

reader

advertisements

le . . . attracts your attention

40

PEDI-RELAX

Elimine el mal olor° de sus pies, y controle su transpira-   odor
15 ción° excesiva, con el nuevo *spray* anti-transpirante **Pedi-**   perspiration
Relax.

Sus pies pasan una gran parte del día en zapatos y
calcetines.° Como resultado, los pies sudan° en exceso.   socks / perspire
Allí hay bacterias que provocan un mal olor que puede
20 ofenderlo a Ud. y a otros también.

El nuevo *spray* anti-transpirante **Pedi-Relax,** fácil de aplicar, perfuma sus pies al mismo tiempo que les da protección y descanso.°   rest

PEDI-RELAX

25   Anti-transpirante
También en crema y espuma° anti-transpirante   foam
(Sólo en farmacias)

LENTES DE CONTACTO BLANDAS°   **Lentes** . . . Soft contact lenses

¡Las lleva . . . pero sólo ella lo sabe!

Before
30 Antes, las lentes de contacto exigían° un largo « aprendi-   required
zaje »° para acostumbrarse a ellas. Ahora las lentes de   adjustment period (*lit.,*
contacto blandas eliminan totalmente este « aprendi-   apprenticeship)
zaje »: su adaptación inmediata es, precisamente, la primera ventaja° que Ud. les va a encontrar.   advantage

35   GENERAL ÓPTICA
No. 1 en Europa

¿SE LE CAE EL CABELLO?°

¡¡Ud. puede evitarlo!!°

En el mundo, hay miles y miles de mujeres y hombres que
40 tienen caspa y grasa°o que sufren la gran preocupación
por la caída de su pelo° . . . Estos problemas producen
complejos° porque uno se siente° más feo y más viejo.
¡Defiéndase y triunfe de estos enemigos! Si Ud. está
afectado por alguno de estos problemas, adopte el Método
45 Sánchez-Lafuente para la higiene° y conservación del cabello. Ud. va a ser una de los miles de personas—de todas
partes del mundo—que nos escriben con frases elocuen-
tes para expresar su gratitud. No lo piense más y escriba
hoy a:

Se . . . Is your hair falling out?

avoid it

caspa . . . dandruff and oil
hair
complexes / se . . . feels

care (*lit.*, hygiene)

MÉTODO SÁNCHEZ-LAFUENTE

Para la higiene y conservación del cabello

Pintor Villacis, 4
Murcia

ANTES

DESPUÉS

Elimine esos kilos excesivos o centímetros[1]
55   que a Ud. le obsesionan tanto:

CINTURÓN VIBRADOR°

¿Cree Ud. que su cuerpo° tiene, en algunos lugares,
demasiada grasa?° Si es así, nuestro **Cinturón Vibrador** le
da un masaje que equivale a° uno de ocho manos. De esta
60 manera, Ud. puede reducir y eliminar esa grasa que limita
sus movimientos, lo fatiga y le pone más años.°

CON EL CINTURÓN VIBRADOR . . . QUERER ES PODER.[2]

Use nuestro cinturón diez minutos cada día—en cualquier parte del cuerpo—para tener una figura elegante en
65 un tiempo *record*. Pruébelo sin obligación en su casa
ahora por el extraordinario precio de sólo 1.940 pesetas.[3]

CONSULTE CON SU MÉDICO

Cinturón . . . Vibrator belt

body
demasiada . . . too much fat
masaje . . . massage that is
  equivalent to

le . . . makes you look older

Acariciar cabellos° [washed] lavados con Champú Geniol es:

LA IRRESISTIBLE TENTACIÓN [temptation]

70 Para cada tipo de cabello hay un Champú Geniol . . . para [for each type of hair] cabellos grasos, normales o secos° . . . un champú con tratamiento° anti-caspa. Champú Geniol deja los cabellos tan suaves,° hermosos y perfumados que acariciarlos es . . .

Acariciar . . . Caressing hair (lit., acariciar = to caress)

dry

treatment

soft

75   ¡LA IRRESISTIBLE TENTACIÓN!

Adaptaciones de anuncios de: *Triunfo* (Madrid), *Blanco y Negro* (Madrid)

Notas culturales y lingüísticas

1. Most of the world uses the metric system, a measuring system that is different from that of the United States. The measure of weight is the kilogram (*kilo*), equivalent to 2.2 pounds. The measure of distance is the meter (*metro*), equivalent to 39.37 inches. Centimeters (*centímetros*) are frequently used to measure short distances: a centimeter is 1/100 of a meter. One inch equals 2.54 centimeters. A kilometer (*kilómetro*) equals 1,000 meters or about five-eighths of a mile.

2. *Querer es poder* is one of the most well-known proverbs of the Hispanic world. It is equivalent to the English proverb "Where there's a will, there's a way."

3. The *peseta* is the Spanish unit of currency. In recent years the rate of exchange has been approximately 55 to 60 *ptas.* to the U.S. dollar.

Guía para la lectura

Looking up every unfamiliar word can slow you down; therefore, try to disregard unknown vocabulary at first and continue reading. The additional context may help you guess the correct meaning of the unknown word or phrase. If you guess incorrectly, you can always look it up, and if you guess correctly, you have saved time.

When you do need to look up a word in the glossary of your book, however, you may want to mark it with a small dot. When you find that you have several dots beside a word, it is probably a rather important one. Learning it will save you time in the long run.

actividades

A. ¿Comprende Ud.?

Referring to the advertisements you have just read, decide whether each of the following statements is true or false. If a statement is false, change it to make it true.

1. Para evitar el mal olor en los pies, uno debe usar champú.
2. Para ver mejor, uno debe llevar un cinturón vibrador.
3. Para eliminar la caspa, uno debe usar un champú especial.
4. Si uno quiere perder kilos, debe usar lentes de contacto.
5. Si uno se preocupa por la caída del cabello, debe usar un método para su conservación.

B. Problemas y productos

How can the following people improve their personal appearance? Offer suggestions by combining items from each column.

La chica con el pelo incontrolable		un cinturón vibrador
El chico que no ve bien		gafas
		un cepillo
El chico con la cara sucia	se afeita con	una máquina de afeitar
	se pone	
El hombre con barba	necesita	pasta dentífrica
La mujer con muchos kilos	se peina con	lentes de contacto
	lleva	champú
El hombre con mal olor en los pies	usa	jabón
		un anti-transpirante
El chico con dientes sucios		un peine
		laca
		¿ ——— ?

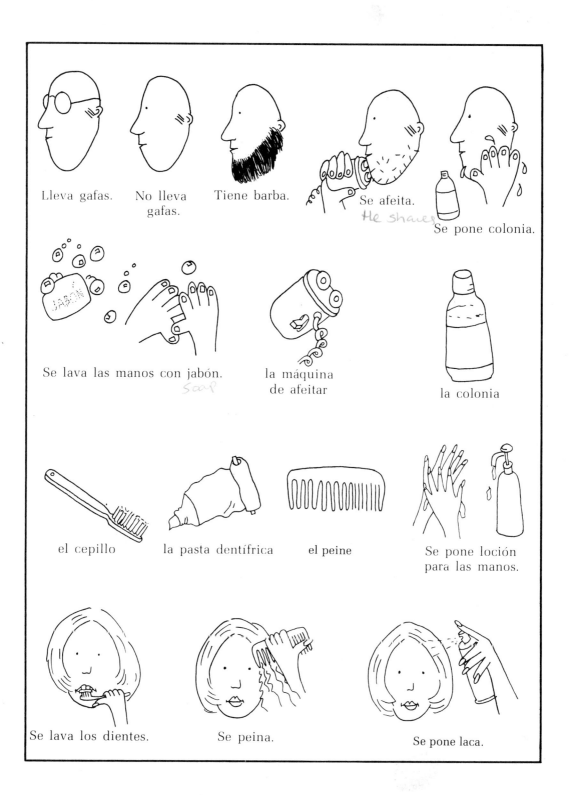

Lleva gafas.

No lleva gafas.

Tiene barba.

Se afeita.

Se pone colonia.

Se lava las manos con jabón.

la máquina de afeitar

la colonia

el cepillo

la pasta dentífrica

el peine

Se pone loción para las manos.

Se lava los dientes.

Se peina.

Se pone laca.

C. ¿Qué deben hacer?

Each of the following persons has a *problemita*. What is the best solution?

1. Mi abuela tiene las manos secas. Necesita . . . .
   a. comprar loción
   b. ponerlas en agua
   c. lavarlas con detergente

2. Pepe tiene los ojos malos y no puede ver bien. Debe . . . .
   a. cortarse el pelo
   b. lavarlos bien con jabón
   c. llevar lentes de contacto

3. Lupe quiere tener los dientes limpios. Debe usar . . . .
   a. una máquina de afeitar
   b. pasta dentífrica y un cepillo
   c. jabón

4. Ramón no quiere tener barba. Debe . . . .
   a. lavarse la cara
   b. afeitarse
   c. ponerse laca

5. Juan va a una fiesta con una chica bonita esta noche. Debe . . . .
   a. lavarse los pies con champú anti-caspa
   b. llevar una camisa vieja y fea
   c. ponerse colonia

6. Miguel quiere perder kilos. Necesita . . . .
   a. hacer más ejercicio
   b. comer más arroz
   c. vender su cinturón vibrador

D. ¿Cómo es Ud.?

Using numbers from zero to ten, indicate the extent to which you agree or disagree with each of the following statements (10 = maximum agreement; 0 = maximum disagreement). Once you have responded to each item, read the interpretation of your score and see what you can learn about yourself! You may enjoy comparing responses with classmates.

_____ 1. Es importante bañarme todos los días.

_____ 2. Me siento más atractivo (-a) cuando llevo ropa nueva.

_____ 3. Para mí es importante siempre tener el pelo limpio y bien peinado.

_____ 4. Me siento más atractivo (-a) cuando me pongo colonia o perfume.

_____ 5. Siempre me gusta tener las manos limpias.

_____ 6. Prefiero cambiar el estilo del pelo si otro estilo me hace más elegante.

_____ 7. Me siento menos atractivo (-a) con tres kilos de más.

_____ 8. Prefiero llevar las lentes de contacto si me dan mejor presentación personal.

[ ] TOTAL

Interpretaciones

80–65: ¡Qué horror! Si Ud. pasa tanto tiempo pensando en su presentación personal, ¿cómo tiene tiempo para comer y dormir?

64–49: Es evidente que Ud. piensa mucho en su presentación personal. ¿Es Ud. modelo de la casa de Christian Dior?

48–33: A Ud. la ropa no le importa mucho, ¿verdad? Puede estar contento llevando o ropa elegante o ropa de _hippie_.

32–17: ¿Ud. se cree elegante? ¡No, señor! Nunca lo van a invitar al Ritz.

16–0: Pero, ¡qué desastre! A Ud. no le importa nada, ¿verdad?

Dígame

1. Probablemente Ud. ve muchos anuncios en periódicos, revistas y televisión. ¿Qué piensa de ellos?

   ¿Hay algunos que le llaman la atención? ¿Cuáles?

   ¿Qué anuncios considera buenos? ¿malos? ¿Por qué?

   ¿Hay algún producto que Ud. compra como resultado de los anuncios?

2. Algunas personas dicen que las mujeres piensan más que los hombres en su presentación personal. ¿Qué piensa Ud.? ¿Por qué?

7 Una revolución sin violencia

En las montañas de Colombia los campesinos°   country people
viven geográficamente aislados.° No tienen ni la   isolated
comunicación ni la educación que necesitan para
participar activamente en el progreso de su país.
5 Por eso, ocurre en Colombia una revolución ...
pero es una revolución muy diferente. Estos campesinos aprenden a leer y escribir para mejorar° su   improve
estándar de vida—participan en una revolución
sin violencia.
10 « Así debe ser la revolución », afirma monse-
ñor°[1] José Joaquín Salcedo, director de la Acción   monsignor (a title given to some
Cultural Popular, organización central de la revolu-   Catholic priests)
ción. La Acción Cultural Popular es un programa

de educación y de desarrollo de la comunidad; to-
15 dos los días ofrece clases por radio a más de
185.000 campesinos colombianos.[2] « El campesino
colombiano es un revolucionario nato »,° dice
monseñor Salcedo. « Pero sabe ahora—después de
nuestro período de guerra civil°[3]—que la violen-
20 cia no produce nada. Con la Acción Cultural Popular ofrecemos al campesino la alternativa de salir
de la pobreza° sin el uso de las armas. »

Las actividades de la revolución comienzan todos los días a las cuatro de la mañana. A esta hora
25 la voz° del locutor de radio° de Bogotá saluda° a
los campesinos en sus casas aisladas. Mientras ellos
preparan sus actividades del día, el locutor les da
consejos sencillos° sobre métodos para mejorar el
cultivo° en el campo y la vida en casa. Estos conse-
30 jos son la respuesta al gran número de cartas que
los campesinos escriben a los instructores del programa.

Luego, a las cinco y media de la mañana continúa el programa de radio con lecciones formales.
35 Los campesinos se reunen° en grupos de cinco o
seis personas en sus casas, en la iglesia o en otros
lugares de la comunidad. Allí escuchan por radio a
los agrónomos,° a los especialistas en economía doméstica,° a médicos y a otros « profesores del
40 aire » que dan clases muy básicas y muy prácticas.
Estas clases tienen un propósito° dual: enseñar a
leer y escribir y, al mismo tiempo, ofrecer consejos
prácticos para mejorar la vida. Si quieren aprender
más, los estudiantes pueden recibir cada semana
40 un periódico preparado especialmente para ellos.
También hay discos, libros sencillos y cursos por
correspondencia.

Cuando los estudiantes se reunen para sus lecciones, un líder local siempre está presente con ellos.
45 Este líder tiene una preparación especial para trabajar con la Acción Cultural Popular. Su responsabilidad en la comunidad es ayudar a los campesinos a

revolucionario . . . born
revolutionary

guerra . . . civil war

poverty

voice / **locutor** . . . radio
announcer / greets

consejos . . . simple advice
farming

se . . . meet

agronomists
economía . . . home economics

purpose

entender las lecciones del aire. Además, los ayuda
a poner en práctica lo que aprenden. Con su ayuda
50 los campesinos forman organizaciones especiales
en sus comunidades y construyen° juntos sus escue-   build
las, campos deportivos,° puentes° y otras obras°   campos . . . sports fields /
para la comunidad. Todas estas actividades de la   bridges / projects (*lit.*, works)
Acción Cultural Popular dan muy buenos resulta-
55 dos: la vida del campo es mucho mejor que antes,
y además, cada año cerca del 70 por ciento° de los   por . . . per cent
estudiantes aprenden a leer.

La influencia de la « revolución » de los campesinos colombianos ahora pasa a otros países. « So-
60 mos discípulos° de los colombianos », exclama el   pupils, followers
padre Manuel Sánchez Fuentes, director de Radio
la Voz de la Costa, escuela radiofónica de Chile.
Además, otros quince países de Hispanoamérica tienen sus programas educativos similares—todos ins-
65 pirados en el modelo colombiano. Así, la revolución sin violencia ayuda a reducir la ignorancia y a
mejorar la vida en las regiones rurales de muchas
partes de Hispanoamérica.

Adaptación de un artículo de *Selecciones del Reader's Digest*

1. Those priests who receive the title Monsignor are specialists in such areas as canon law, education, and philosophy, and serve as part of the immediate advisory council to the bishop of a Catholic diocese.

2. *La Acción Cultural Popular* was begun in 1947 as an educational radio program for adults in the Colombian village of Sutatenza, where Monsignor Salcedo was then working as a parish priest. Since its inception with a small group of 45 students, the program has grown to a national scale. It is now housed in a modern fourteen-story office building in Bogotá, where a paid staff of some 700 people teach, research, and write materials for students numbering in the hundreds of thousands. The program has received financial aid from the Colombian government as well as several foreign governments. It now has four transmitting stations throughout the country plus its own facilities for printing educational materials. The program has been so important to the development of Colombian educational goals that its director, Monsignor Salcedo, has twice been awarded the *Cruz de Boyacá*—the highest honor that can be bestowed upon a Colombian citizen.

3. Although Colombia has been considered by historians as one of the most democratic and stable nations of Latin America, it has had a history of internal conflict between liberals and conservatives. Although this conflict began as early as the 1830s, the most volatile years of civil strife occurred between 1948 and 1957. This period is referred to as *La Violencia,* and was ignited by the assassination of the ultra-liberal, working-class organizer, Jorge Eliécer Gaitán. These years were characterized by bloody confrontations between liberal and conservative forces throughout the country. At the height of violence in 1953, Colombian citizens were murdering each other at the rate of 1,000 per month.

Guía para la lectura

In anything that you read, some ideas are more important than others. Reading the first and last sentence of each paragraph will usually give you important ideas under which you can organize the other information contained in the reading. Such a strategy can make it possible for you to read more quickly and easily.

actividades

A. ¿Comprende Ud.?

Part I: Check your understanding of the reading selection by unscrambling the following sentences. They are all true statements.

1. no usa / la revolución / aviones de combate / de la Acción Cultural Popular / soldados / ni

2. la revolución debe ofrecer / la educación / según monseñor Salcedo / y / el desarrollo / de la comunidad

3. los campesinos / entre / la radio es / más importante / y la Acción Cultural Popular / el medio de comunicación

4. de la Acción Cultural Popular / los líderes / locales / muy importantes / son / en el trabajo

5. como / la Acción Cultural Popular / hay / en otros países / revoluciones

Part II: Respond to the following questions.

1. ¿Qué tipo de « profesores del aire » dan clases con la Acción Cultural Popular?

2. ¿Qué cosas pueden aprender los campesinos con la Acción Cultural Popular?

3. ¿De qué otra manera además de la radio pueden aprender los campesinos?

4. ¿Qué hacen las organizaciones especiales de campesinos para mejorar la vida de la comunidad?

5. ¿Por qué es posible decir que otros latinoamericanos son discípulos de los colombianos?

B. ¿Cómo aprende Ud.?

People learn things in different ways, both in and out of school. How do you prefer to learn? Indicate some of your preferences by combining items from each column. You may wish to discuss some of your preferences with your classmates.

Cuando aprendo
Para aprender
	una lengua
	    extranjera
	la literatura
	la historia
	la biología
	la física
	algo sobre
	    las plantas
	la geometría
	la mecánica
	a escribir música
	a ser fotógrafo
	a ser poeta
	a esquiar
	a montar a caballo
	a hacer *camping*
	a ser piloto
	    de avión
	¿ ———— ?
		prefiero
		debo
			escuchar al maestro
			leer revistas o libros
			    de la biblioteca
			ver películas
			ver explicaciones en
			    la pizarra
			participar en
			    discusiones
			hacer muchas
			    preguntas
			escribir en la pizarra
			trabajar en el
			    laboratorio
			practicar fuera de la
			    clase
			ganar experiencia
			    práctica
			ir a las montañas
			ir al jardín botánico
			hacer excursiones al
			    campo
			¿ ———— ?

C. Mis estudios favoritos

What is your favorite subject (*asignatura*) in school? Why do you like it? How do you think it should be taught? You can answer these questions in Spanish by completing the following paragraph. You may want to share your thoughts with classmates.

Mi asignatura favorita es . . . . Me gusta porque . . . . En una clase ideal de . . . , los estudiantes deben . . . y los maestros deben . . . .

D. La educación—¿qué es?

Part I: What is education? What should its purposes be? Share your opinions by choosing all the completions that you consider appropriate for the following statements.

1. La educación es . . . .
   a. lo que uno aprende en la escuela
   b. lo que uno aprende de los padres
   c. lo que los amigos le enseñan a uno
   d. lo que la sociedad le enseña a uno
   e. lo que uno aprende durante toda la vida
   f. un sacrificio que los jóvenes tienen que hacer
   g. la preparación para la vida
   h. la vida
   i. ¿ ——— ?

2. Los propósitos de la educación deben ser . . . .
   a. enseñar al individuo a funcionar en la sociedad
   b. entrenar al individuo para hacer un trabajo específico y práctico
   c. ayudar al individuo a conocerse a sí mismo
   d. enseñar al individuo a pensar
   e. preparar al individuo para el futuro
   f. mejorar la vida presente del individuo
   g. ayudar al individuo a gozar de la vida
   h. ofrecer al individuo la oportunidad de conocer a mucha gente
   i. ¿ ——— ?

Part II: Now that you have decided what the definitions and purposes of education are for you personally, consider with your classmates what you think these definitions and purposes are for teachers, parents, and society in general.

One of you might begin by saying: *Yo creo que para los maestros la educación es* . . . .

Another might then react: *Sí, estoy de acuerdo porque* . . . .

Or, *Pues, yo no estoy de acuerdo porque* . . . . *Yo creo que para ellos la educación es* . . . .

After your discussion you might want to see how accurate your opinions are by interviewing teachers, parents, or other adults in your community.

E. Una escuela ideal

In Activity C you discussed how your favorite class should ideally be taught. Now, think together with some classmates about how you would organize an ideal school. Some areas you may wish to consider are listed below; feel free to add other ideas as well. After your discussion, you may want to summarize your ideas in a brief news release introducing your new school to the public.

Tipo de escuela

escuela primaria
escuela secundaria
universidad
escuela especializada (instituto técnico; escuela de comercio, de
   secretariado)

Local

en la ciudad
en el campo
en un pueblo pequeño

Filosofía

disciplina estricta para formar el carácter del individuo
responsabilidad de los profesores en las decisiones más importantes
ciertos estudios obligatorios para todos
clases no obligatorias
información continua sobre el progreso en vez de notas perió-
   dicas
libertad del estudiante para estudiar lo que quiere
libertad del estudiante para escoger a sus profesores
atención individual para cada estudiante
eliminación de regulaciones artificiales
respeto mutuo entre estudiantes y profesores; comunicación
   abierta

Tipos de instrucción

clases formales
conversaciones informales
prácticas en el laboratorio
prácticas en la comunidad
estudios independientes

Asignaturas

Ciencias

Astronomía
Microbiología
Matemáticas

Artes

Baile
Historia del arte
Escultura
Pintura
Música

Humanidades

Lenguas
Literatura
Historia
Filosofía
Religión
Sociología

Educación Física

Deportes individuales
Deportes de equipo
Salud personal

Intereses espcciales

Ecología
Agricultura
Artes Industriales
Cocina

Recursos físicos

salas de clase
salas para ayudas audio-visuales
bibliotecas
laboratorios
lugares deportivos
toda la comunidad
salas de recreación

Dígame

La Acción Cultural Popular es un programa educativo que emplea la radio como base de instrucción. ¿Cómo contribuyen la radio, la televisión y los periódicos a la educación en los Estados Unidos?

¿Conoce Ud. algunos programas especiales educativos? ¿Cuáles?

¿Qué otros programas no específicamente educativos ayudan al individuo a educarse?

¿Ayuda la radio, la televisión o el periódico con algunos de los propósitos de educación que Ud. identifica en la Actividad B?

SEGUNDO NIVEL

8 Un aeronauta de nueve años

Jesusito González es un niño extraordinario. Con su padre vuela en un globo° de aire caliente. Y este niño tiene sólo nueve años. Un día, a bordo del° globo llamado « Tormenta »,° Jesusito y su pa-
5 dre volaron sobre la Ciudad Universitaria de Madrid y un parque cercano. Por esta razón, Jesusito ya es un personaje sin pretenderlo:° el primer niño español que vuela en globo.

Lo que sigue son unos fragmentos de un manus-
10 crito que Jesusito escribió sobre esta experiencia tan emocionante.

balloon

a . . . aboard the / "Storm"

personaje . . . an important
person without trying to be

«Lo que más me gusta de este mundo es el globo de mi padre. El Tormenta se llama así porque yo tenía una tortuga° que se llamaba Tormenta y cuando se me perdió, le dimos su nombre al globo. Me gusta más que una locomotora o que un tanque o que un coche de bomberos,° porque con un tanque no se vuela ni tampoco con un coche de bomberos. Pero con el Tormenta se puede pasar de un sitio a otro sin carreteras, saltando las vallas y los carteles de dirección prohibida.°

«Cuando mi papá y yo subimos al Tormenta, siempre me preparo con mi casco° y una caja de cerillas° porque a mi padre siempre se le olvidan las cerillas. Yo las llevo para poder encender° otra vez la llama del piloto° si se nos apaga° arriba. Si una corriente de aire apaga la llama, el aire del globo se pone más frío y el Tormenta se baja. Por eso, aunque mi padre dice que no hay peligro, nunca subo sin llevarme las cerillas.

«Lo que más quiero en este mundo es subir solo en el Tormenta, pero lo construyeron las personas mayores y pusieron el grifo del gas° muy alto y no lo alcanzo.° Ahora voy a tener nueve años y pronto espero alcanzar al grifo y volar solo. ¡Qué ganas tengo de ser mayor y poder volar solo! Ahora no me dejan hacer nada.

«El otro día había muchos espectadores mirándonos en el campo de fútbol° mientras hacíamos los preparativos para volar. Cuando el globo ya estaba inflado, me subí a la barquilla° y lo que más me gusta del mundo es cuando mi padre dice ¡Manos fuera!° ¡Pum! empezamos a levantarnos y las cosas se ven más y más pequeñas y todos se quedan abajo mirando y diciendo adiós.

«Mi padre me enseñó en el mapa dónde estábamos, y abajo podíamos ver el río, la carretera, la ruta del tren y el humo° de una chimenea que

turtle

coche . . . fire engine

saltando . . . skipping over the fences and one-way street signs
helmet
caja . . . box of matches
to light
llama . . . pilot light / se . . . goes out on us (*lit.*, apagar = to put out)

grifo . . . gas valve (*lit.*, grifo = faucet)
no . . . I can't reach it

campo . . . soccer field

passenger compartment (*lit.*, little boat)

Manos . . . Let go (*lit.*, hands away)

smoke

indicaba la dirección en que íbamos. En la carretera había muchos coches que se paraban y nos decían adiós.[1] Y saqué una bandera° de España que llevaba y empecé a decirle adiós a todo el
55 mundo.

« Veíamos que era el verano porque había mucha gente en las piscinas, y me daban ganas de tirarme al agua desde el globo porque allí hacía mucho calor. Luego pasamos por un sitio donde
60 estaban montando a caballo y muchos jugando al golf.

« Casi nos bajamos al río, y como nos pusimos tan cerca del agua yo me quité los zapatos y la camisa por si acaso,° pero no pasó nada.

65 « Al otro lado del río subimos otra vez y volamos sobre el parque. Entre las matas° y los árboles empezamos a ver ciervos° a millones y conejos° a trillones. Había bambis con su madre que se escondían porque tenían miedo del Tormenta.

70 « Después de pasar mucho tiempo mirando las cosas desde arriba, bajamos otra vez, casi tocando los árboles. Estábamos buscando la carretera para aterrizar° cuando de pronto ¡pum! nos cogió un viento fuerte y chocamos con un árbol
75 y el globo se paró por completo. Poco después, los espectadores vinieron corriendo. Nos ayudaron a recoger el globo y entonces comimos y nos fuimos. »

En el futuro, alguien va a escribir la historia de
80 los globos en España. El nombre de Jesusito va a estar en la primera página, porque él y su padre son los primeros en resucitar° el espíritu de Julio Verne. Sin embargo, por el momento, a Jesusito no le importan demasiado los honores—sólo tiene
85 nueve años. Lo que sí le importa es el gusto de viajar por el aire, lentamente, sin preocuparse por dónde va a parar.

Adaptación de un artículo de *Gaceta Ilustrada* (Madrid)

flag

por . . . just in case

bushes
deer
rabbits

land

en . . . to revive

1. *Adiós* does not always mean "good-bye." In Spanish-speaking countries, when people see each other in passing and have no time to stop and talk, they often greet each other with a wave and an *¡Adiós!* This *adiós* is an informal way of saying "Hello," and a similar response is expected out of courtesy.

Notas culturales y lingüísticas

Although it is usually not necessary to analyze every word you read, some words are extremely important. If no subject is mentioned in a sentence, it is the verb ending that tells us who performs the action as well as whether the action is in the present, past, or future. Similarly, "little words"—specifically object pronouns—are important because they tell us who or what was acted upon, or to whom or for whom something was done. For example: *Nos ayudaron,* "They helped us." Not paying attention to these details can lead to a misunderstanding of what actually happened.

Guía para la lectura

actividades

A. ¿Comprende Ud.?

Check your understanding of the reading selection by choosing the most accurate completion for each of the following statements.

1. Jesusito González es un personaje porque . . . .
   a. vuela en un globo
   b. es un niño español
   c. estudia en la Universidad de Madrid

2. A Jesusito le gusta el Tormenta más que una locomotora, un tanque o un coche de bomberos porque . . . .
   a. el globo es de su padre
   b. se puede volar en el Tormenta
   c. se le perdió la tortuga que se llamaba Tormenta

3. Jesusito siempre lleva cerillas cuando sube al Tormenta con su padre porque . . . .
   a. las puede necesitar arriba
   b. su padre fuma mucho
   c. hace frío en el Tormenta

4. Jesusito no puede subir solo en el Tormenta porque . . . .
   a. no tiene licencia de conducir
   b. sus padres no le permiten jugar con cerillas
   c. no puede encender el gas

5. Durante el viaje, Jesusito se quitó los zapatos y la camisa porque . . . .
   a. quería nadar en una de las piscinas
   b. tenía mucho frío
   c. el Tormenta bajó muy cerca del río

6. Al final del viaje, Jesusito y su padre aterrizaron . . . .
   a. en un árbol
   b. en medio de los espectadores
   c. en la carretera

7. Lo que más le gusta a Jesusito es . . . .
   a. su importancia como personaje histórico
   b. volar en el globo de su padre
   c. los honores que le van a hacer en el futuro

B. Ud. es el piloto

The following are different steps that you would take if you were to take a trip in a hot-air balloon. Put them in the appropriate sequence to ensure a pleasant trip from start to finish.

_____ volver a casa
_____ encender la llama del piloto para inflar el globo
_____ bajar lentamente a la tierra
_____ ir al campo donde se guarda el globo
_____ abrir el grifo
_____ recoger el globo
_____ subir y mirar el paisaje desde arriba
_____ aterrizar sin chocar con los árboles
_____ bajar la llama del gas
_____ subir a la barquilla

C. ¿Cuándo se siente Ud. libre?

From each of the four groups below, choose the one situation in which you feel most free. Then rank your four choices in order of preference. You might want to discuss your choices and your rank ordering of them with some of your classmates.

Grupo 1

cuando estoy conduciendo un coche a unas 60 millas por hora
cuando estoy en un barco pequeño
cuando monto a caballo
cuando estoy en mi bicicleta
cuando vuelo en un avión
¿ —— ?

Grupo 2

cuando estoy nadando
cuando estoy esquiando
cuando estoy en un parque de atracciones
cuando estoy bailando
cuando estoy practicando karate
¿ —— ?

Grupo 3

cuando estoy cerca del mar
cuando estoy en las montañas
cuando estoy con mi perro
cuando estoy solo
cuando estoy escuchando música
¿ —— ?

Grupo 4

cuando termino un examen
cuando me quito la ropa formal y me pongo los *bluejeans*
cuando acabo de pagar todo lo que debo
cuando es viernes por la tarde
cuando el dentista me dice que no tengo que volver durante un
  año
¿ —— ?

D. Pasatiempos

How many hours or minutes did you spend last week on these pastimes? Identify the activities that occupied most of your free time. Then see if you can find someone who shares some of your interests so that you can talk together about them.

Horas	Minutos	Actividades
_____	_____	mirar la televisión
_____	_____	escuchar discos
_____	_____	bailar
_____	_____	jugar a las cartas
_____	_____	ir de compras
_____	_____	practicar un deporte
_____	_____	pintar
_____	_____	leer
_____	_____	tomar el sol
_____	_____	dormir la siesta
_____	_____	tocar un instrumento
_____	_____	arreglar coches
_____	_____	escribir poesía
_____	_____	ir de paseo
_____	_____	hablar por teléfono
_____	_____	ir al cine
_____	_____	visitar amigos
_____	_____	ir a un partido
_____	_____	hacer mi propia ropa
_____	_____	tomar lecciones de ...
_____	_____	cocinar
_____	_____	practicar karate
_____	_____	hacer *camping*
_____	_____	¿_____?

E. Cuando yo era niño

What were some things that you frequently did as a youngster? When Jesusito González grows up, if someone asks him « *¿Qué hacías tú cuando eras niño?* », one thing that he will surely say is « *Cuando yo era niño, volaba en el Tormenta con mi padre* ». Think about some of the things that you used to do either alone or with family or friends. You might want to make a list or write a paragraph telling about them. And you might want to find out what your classmates used to do. Are there many things that most of you have in common?

F. Una vez yo . . . .

Everyone has had different and varied experiences. Try to think of something that you have done or that has happened to you that probably no one else in the class has experienced. Share it with your classmates, and listen to the experiences they share with you. You can learn a lot about each other if each of you tries to remember and retell some of the experiences you have heard.

Examples: Una vez me comí ocho hamburguesas.
Una vez me caí de un árbol y me rompí un brazo.
Una vez gané mil dólares en la lotería.

Dígame

Ud. se encuentra en un lugar maravilloso: es un paraíso. Va a estar allí—solo o con otras personas—durante una semana. Imagínese que durante esta semana Ud. no puede trabajar, porque no existe el trabajo en este paraíso. Tampoco puede estudiar. Lo que sí tiene que hacer es « pasarla bien », o en otras palabras, divertirse durante toda una semana. Puede emplear su tiempo sólo para el recreo, sólo para las diversiones. Los recursos para sus pasatiempos favoritos no tienen límites—todo lo que necesita está allí.

1. Describa Ud. su paraíso.

   ¿Es una isla? ¿una montaña? ¿un desierto?

   ¿Dónde está?

2. ¿Cómo va Ud. a pasar su semana allí?

   ¿Piensa Ud. hacer una variedad de cosas o solamente una cosa? ¿Por qué?

   Describa lo que va a hacer.

El jazz es un lenguaje

    ¿Qué es el jazz? Una respuesta lógica es « eso
depende », porque hay muchos tipos de jazz hoy
día. Históricamente, podemos decir que el jazz es
la única contribución original de los Estados Uni-
5 dos al mundo de la música—única como género.°   genre, type
Específicamente, el *jazz* empezó como la voz°   voice
de los negros del Sur, pueblo° que expresó sus   a people, group
angustias°—y sus alegrías—con esta música. Se   anguish, misery

67

encontraba el *jazz* en cualquier situación, desde
10 una procesión funeraria hasta una boda° . . . y cada   wedding
persona que lo tocaba, estaba expresando lo que
sentía en ese momento. Así que el *jazz* es, más que
nada, un lenguaje de sentimientos—y muchos de
esos sentimientos originales fueron tristes. Por eso
15 muchos músicos° del pasado decían que el que no   musicians
conoce el sufrimiento° no tiene derecho a llamarse   suffering
músico de *jazz*, porque no puede tener nada que
decir.

Lo que sigue son los comentarios de uno de los
20 maestros de *jazz* más famosos y queridos° de todo   loved
el mundo—Louis Armstrong, o « Satchmo », como
lo llamaban cariñosamente.° Satchmo tocaba para   affectionately
todos los gustos—su música podía ser triste, alegre
o tranquila. Gozaba de tanta popularidad por todas
25 partes del mundo que lo llamaban « El mejor emba-
jador° de los Estados Unidos ». Aquí Louis habla   ambassador
de su *jazz* de 1968, cuando concedió esta entre-
vista.° Pocos años después, Louis murió y no sa-   concedió . . . granted this interview
bemos qué diría° del *jazz* de hoy. Piénselo Ud. mien-   he would say
30 tras lee lo que dijo una vez « El Rey° del *Jazz* ».   King

*   *   *

« La gente me sigue preguntando si yo pienso
que el *jazz* todavía es lo que era antes. Y como no
me gusta discutir,° por lo general, respondo dos co-   to argue
35 sas: que nada es como era antes y que el *jazz* va a
existir siempre si hay aficionados.°   fans
« Ahora se habla mucho de la música moderna,
una música muy diferente de lo que llamamos
jazz. A mí no me gusta demasiado porque la nueva
40 música no tiene mucho que expresar ni que expli-
car. ¿Me entienden? Una obra de *jazz*° resulta ser   Una . . . A jazz number
algo distinto en cada interpretación. Nunca se
cansa uno de oir el *jazz*. Algunas personas no comprenden que, básicamente, el *jazz* es una forma de
lenguaje: un lenguaje que se usa para decir todo

45 tipo de cosas y para expresar toda clase de emocio-
nes. Pero este lenguaje tiene su punto de partida° punto ... point of departure
en la buena música.

« A esta nueva música de *jazz* yo la llamo 'música jiutjitsu'. De ella un joven trompetista no
50 aprende más que a rasgarse° los labios. Esta mú- to split
sica no tiene tantos seguidores como el *jazz* antiguo. Tal vez muchos creen que la nueva música no
tiene muchos seguidores porque la gente no la comprende muy bien. Pero yo creo que la razón está en
55 que la música moderna no tiene las mismas cosas
que decir que el *jazz* original.

« Ahora bien: yo no soy de los que dicen que la
música moderna no es música. No es posible decir
eso de ninguna clase de música. Toda música tiene
60 su sitio. Es sólo que algunas clases de música son
más importantes y universales que otras. Eso es
todo.

« Si en nuestros días no se oye buen *jazz* por
todas partes, es porque no hay abundancia de bue-
65 nos músicos de *jazz*. En los viejos tiempos, los jóvenes tenían muchas personas a quienes escuchar y
de quienes aprender también. Hoy día no hay tantas; tal vez, además, los más jóvenes no les prestan
tanta atención° a estas personas como deben. Por prestan ... pay as much attention
70 otra parte,° casi no hay sitios como los que los jó- Por ... On the other hand
venes tenían antes para obtener experiencia. Real-
mente, esto es algo que ocurre hoy en muchas actividades, pero nosotros—los del *jazz*—lo notamos
más.

75 « Pero cuando encontramos a un joven músico
que nos escucha, sentimos que sí, que todavía hay
futuro para el *jazz*. Los que escuchan siempre resultan ser buenos músicos, no importa el instrumento.
¿Comprenden lo que quiero decir? »

80 Louis Armstrong

As you read you will find it helpful to look for familiar roots when you find new words. Word endings can also help you to guess the meaning of a new word. Words ending in *-ista* often refer to a person who believes or does something related to the root of the word (*trompeta, trompetista; fútbol, futbolista; Marx, marxista*). Words ending in *-eza, -tad, -dad,* and *-miento* often refer to an abstract noun related to the root of the word (*triste, tristeza; libre, libertad; sincero, sinceridad; sufrir, sufrimiento*). Words ending in *-mente* are usually the equivalent of English words ending in -ly (*cariñoso, cariñosamente; rápido, rápidamente*).

Guía para la lectura

actividades

A. ¿Comprende Ud.?

Check your understanding of the reading selection by answering the following questions.

1. ¿Por qué es importante el *jazz* en la música de los Estados Unidos?
2. ¿Dónde tiene el *jazz* sus orígenes?
3. ¿Qué expresa el *jazz*?
4. ¿Por qué fue considerado Louis Armstrong « el mejor embajador de los Estados Unidos »?
5. Según Louis Armstrong, ¿en qué es diferente el *jazz* moderno del *jazz* del pasado?
6. ¿Por qué no tiene el *jazz* moderno tantos aficionados como el *jazz* original?
7. ¿Por qué es difícil encontrar buen *jazz* hoy día?
8. Según Louis Armstrong, ¿es posible ser optimista con respecto al futuro del *jazz*? Explique Ud.

B. Los gustos musicales

Part I: Musical tastes often change as the situation changes. Share some of your own tastes by combining elements from each column below.

Cuando me siento muy feliz		música *country*
Antes de tener una cita importante		música folklórica
En la consulta del dentista		música brillante
Cuando es domingo y llueve mucho	pongo	la guitarra
Cuando mis vecinos quieren dormir	toco	el piano
Por la mañana cuando me baño	escucho	el violín
Cuando estoy solo en casa	canto	el / la ¿ _____ ?
Si quiero impresionar a mis amigos	prefiero oir	la música de los Beatles
¿ _____ ?	me gusta escuchar	la música de Beethoven
	¿ _____ ?	la música de ¿ _____ ?
		discos nostálgicos
		canciones alegres
		un álbum romántico
		¿ _____ ?

Part II: Which musical instrument do you prefer? Prepare a short composition or discussion to share with your classmates or perhaps with one classmate who prefers the same instrument. You may want to use some of the following questions to help you organize your thoughts.

1. En general, ¿qué instrumento le gusta más? ¿Por qué?

2. ¿Sabe Ud. tocar este instrumento?
   (Sí): ¿Cuándo aprendió a tocarlo?
   ¿Toca con un grupo o en una orquesta?
   ¿Emplea su talento musical para ganar dinero, o piensa hacerlo en el futuro?

   (No): ¿Quiere Ud. aprender a tocarlo? ¿Por qué?
   ¿Cómo puede aprender?
   ¿Es necesario tomar lecciones?
   ¿Quién le puede enseñar?
   ¿Va a costar mucho dinero?
   ¿Cuándo piensa empezar?

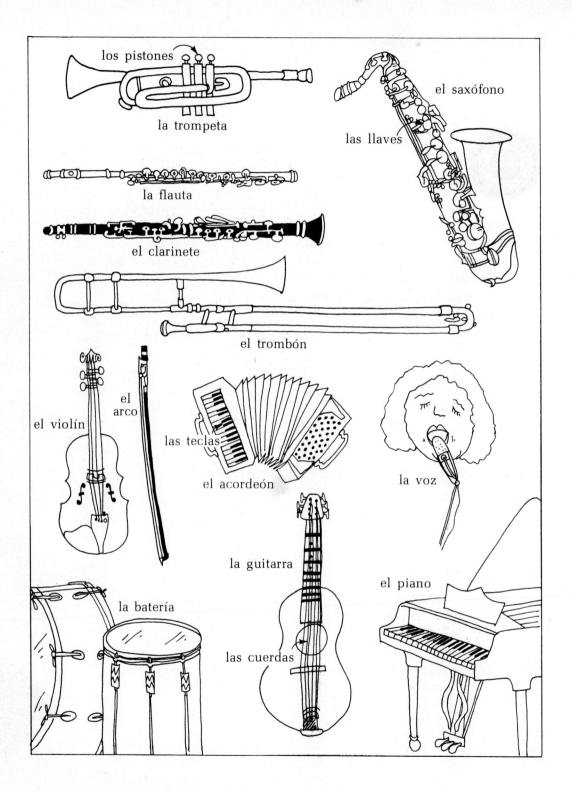

los pistones

la trompeta

el saxófono

las llaves

la flauta

el clarinete

el trombón

el violín

el arco

las teclas

el acordeón

la voz

la guitarra

el piano

la batería

las cuerdas

C. Los instrumentos musicales

How much do you know about instruments? Test your knowledge by matching the descriptions with the instruments pictured opposite.

1. Es un instrumento muy antiguo. Es muy estrecho y tiene unos dos pies de largo. Cuando uno lo toca, tiene las dos manos a la derecha de la cara. Si Ud. sabe tocar una botella, puede aprender a tocar este instrumento.

2. Este instrumento es como un piano pero es mucho más pequeño. Utiliza la fuerza del aire para producir su música. Se ve mucho en el programa de Lawrence Welk.

3. Para tocar este instrumento, se necesita un brazo largo. Es un instrumento metálico, bastante grande, y se usa mucho en las bandas militares y también en los conjuntos como Chicago y Blood, Sweat and Tears.

4. Este instrumento tiene cuatro cuerdas y no es muy grande. En él se toca música clásica y también música *country*. Éste fue el instrumento de Jack Benny.

5. Este instrumento tiene muchas teclas blancas y negras y se toca con los diez dedos. Puede producir armonías complejas. Se usa frecuentemente para acompañar a los cantantes.

6. Este instrumento es largo, como el instrumento número 1, pero es más grande. Generalmente negro o de color metálico, fue el instrumento de Benny Goodman. Es muy común en las bandas y orquestas de la escuela.

7. Este instrumento es el preferido de los cantantes folklóricos, de los que tocan flamenco y de los músicos de *rock*.

8. Este es un instrumento de ritmo. Para tocarlo, se necesitan manos y pies ágiles y rápidos. También se necesita mucha coordinación.

9. Este instrumento metálico produce tonos claros y fuertes. Es más pequeño que el número 3 y es el instrumento de Doc Severinson. También lo tocaba Louis Armstrong.

10. Este es un « instrumento » que todos tenemos, aunque algunos de nosotros no sabemos usarlo bien. Se usa solo o en grupos, y en todos los lugares—desde el baño hasta la ópera.

11. Este instrumento es de la misma familia que el instrumento número 6, pero es curvo y produce tonos más fuertes. Es uno de los instrumentos más comunes de la música *jazz*.

D. ¿Quién soy yo?

Imagine that you are a well-known musician of the present or past. Identify yourself to your classmates as a singer (*Soy vocalista*) or an instrumentalist (*Soy trompetista, pianista,* etc.). If the person you have chosen is no longer living you must add *Estoy muerto.* Then answer yes-no questions from your classmates until they discover who you are. For example, if you chose Louis Armstrong, you would say: *Soy trompetista. Estoy muerto.*
Your classmates might ask a series of questions like these:

¿Era Ud. mujer?	*(No)*
¿Era Ud. de los Estados Unidos?	*(Sí)*
¿Tocaba Ud. en la televisión?	*(Sí)*
¿Tocaba Ud. con otras personas?	*(Sí)*
¿Tenía Ud. su propio conjunto?	*(Sí)*
¿Era Ud. famoso en otros países?	*(Sí)*
¿Tocaba Ud. la música *rock*?	*(No)*
¿Tocaba Ud. el *jazz*?	*(Sí)*
¿Es Ud. Louis Armstrong?	*(Sí)*

E. Las Bellas Artes y Ud.

How important are the arts in your life? This questionnaire can help you find out. For each of the situations described below, choose the completion that best describes you—what you do or like to do or might enjoy doing in each situation. Then, calculate your score and read the appropriate interpretation. Do you agree with it? If not, why not?

1. Después de estudiar mucho, me gusta . . . .
   a. escuchar buena música
   b. leer las historietas cómicas como Beetle Bailey

2. Los domingos me gusta . . . .
   a. echar una siesta
   b. visitar tiendas de antigüedades

3. Cuando visito una ciudad nueva, prefiero ir a . . . .
   a. los buenos restaurantes
   b. los museos

4. Durante el otoño, me encanta . . . .
   a. ir a los partidos de fútbol
   b. dar paseos por el campo o por un parque

5. Cuando estoy de vacaciones, me gusta . . . .
   a. sacar fotografías artísticas
   b. leer novelas policíacas

6. Si algún día tengo mucho dinero, quiero . . . .
   a. comprar pinturas de artistas famosos
   b. viajar por el mundo un año entero

7. Cuando tengo hambre, prefiero . . . .
   a. preparar un plato exquisito
   b. ir a una *pizzería*

8. Antes de acostarme, me gusta . . . .
   a. leer buena literatura
   b. ver la televisión

9. Si es posible algún día, quiero . . . .
   a. aprender más sobre psicología humana
   b. aprender a escribir música

10. Cuando estoy con amigos, algunas veces discuto sobre . . . .
    a. política
    b. cine y teatro

Resultados: Cuente Ud. un punto para cada una de las siguientes respuestas: 1-a, 2-b, 3-b, 4-b, 5-a, 6-a, 7-a, 8-a, 9-b, 10-b.

Interpretaciones

8–10: Con un temperamento tan artístico, Ud. probablemente pasa sus momentos libres meditando sobre la grandeza poética del mundo.

4–7: Ud., es como muchas otras personas: aprecia mucho las bellas artes, pero en proporción con el resto de la vida.

0–3: ¡Qué horror! ¿Sabe Ud. qué diferencia hay entre Picasso y Joe Namath?

F. Entrevistas

Louis Armstrong was interviewed to find out his views about modern jazz. Think of any other well-known personality, either contemporary or historical, real or fictitious. Suppose you could interview that person and find out what he or she "really" thinks about some issue, or what "really" went on in some situation or event. With a classmate, role-play the interview that might take place. The only limit to your fun is your imagination!

Examples:

Personaje	Tema de la entrevista
Napoleón	Por qué siempre andaba con la mano en la camisa
Gloria Steinem	Por qué se hizo activista en el Movimiento para la Liberación Femenina
Matt Dillon	La verdad sobre Matt y Miss Kitty
Kojak	Qué pasó con su pelo
Little Orphan Annie	El secreto de su larga juventud

Variation:

If you are a fan of some famous personality, you may know some interesting facts—real ones—about that person's background, personality, professional life, and so on. Share your knowledge by pretending to be that famous person and granting an interview to your classmates. Since it would be difficult for you to answer all possible questions, you may set some basic ground rules before beginning the interview. For example, you might begin: *Yo soy Paul McCartney. Me pueden preguntar sobre mi juventud, mis relaciones con los otros Beatles y mis actividades profesionales.*

Dígame

1. El *jazz* original reflejaba los tiempos y las circunstancias que lo produjeron. ¿Podemos decir lo mismo con respecto a la música popular de hoy?

     ¿Refleja la música popular algunos aspectos de los tiempos modernos? ¿Cuáles?

     ¿Tiene la música popular algo que decir? ¿Qué?

     ¿Es esta música un tipo de lenguaje para Ud.? Explique.

2. Según la lectura, el *jazz* original fue una música típicamente americana, expresión de un pueblo y una cultura. ¿Conoce Ud. la música típica de algún otro país? ¿Cuál?

   ¿Cómo se llama esa música?

   ¿Cómo la conoció Ud.?

   ¿Qué tipo de sentimientos expresa esa música? ¿Es triste? ¿alegre? ¿tranquila?

3. Llamaron a Louis Armstrong « El mejor embajador de los Estados Unidos », aunque no fue embajador de verdad. ¿Qué piensa Ud. de los embajadores oficiales?

   ¿Qué cualidades personales necesita un embajador? ¿Conoce Ud. a alguien con esas cualidades?

   ¿A Ud. le interesa la posibilidad de ser embajador? ¿Por qué sí o por qué no? ¿A qué país quiere ir? ¿Por qué?

10 ¿ Comer, o no comer?

Existen en todas las naciones de nuestro mundo los siete pecados capitales.° [1] En cada cultura, sin embargo, toman formas diferentes. Un observador de varias formas de estos siete pecados es

5 Fernando Díaz-Plaja, un español que conoce muy bien la vida diaria de los Estados Unidos y de España. Díaz-Plaja conoce nuestro país como profesor universitario y también como turista. Como resultado de sus observaciones sobre los Estados Uni-

10 dos, ha escrito° un libro, *Los siete pecados capitales en los Estados Unidos.* En este libro, analiza los siete pecados y las formas particulares que tienen

pecados . . . deadly sins

ha . . . has written

en la cultura norteamericana. En otro libro, *El espa-*
ñol y los siete pecados capitales, Díaz-Plaja co-
15 menta los pecados de su país nativo. Sus interpreta-
ciones culturales de los dos países se presentan de
una manera muy personal y satírica.

Se ofrecen aquí algunos fragmentos de estos dos
libros. Tienen como tema° la gula,°1 es decir, la   theme / gluttony
20 falta de moderación en la comida o en la bebida.

La gula en los Estados Unidos

Los americanos quieren ser muy lógicos en su
vida diaria pero no son lógicos a la hora de la comida. Toman un desayuno fuerte porque es su cos-
25 tumbre; un almuerzo ligero,° porque es conve-   light
niente; y cenan fuerte porque tienen un hambre
canina.°2 Eso es natural después de ocho horas de   hambre . . . canine hunger
trabajo, y luego, media hora o más de lucha° con   struggle
el tráfico para llegar a casa. La cena es a eso de°   a . . . at about
30 las seis. La conversación con la familia y los programas de televisión no les permiten acostarse
hasta las once de la noche. Todavía tienen que esperar hasta las siete de la mañana para el desa-
yuno. Pasan más de doce horas de estar ayunos.°   estar . . . fasting
35 Por eso, el americano se levanta por la noche, va
al *frigidaire* y busca algo dulce° o se hace un boca-   sweet
dillo.°   sandwich

¡Qué escándalo si el resto de la familia lo descubre! ¡Qué remordimiento° en la persona que siente   remorse
40 la tentación de comerse un bocadillo o un dulce a
medianoche! ¿Por qué este remordimiento? Porque

se rompe con una tradición importantísima en esta
sociedad: una obsesión de ser siempre jóvenes, del-
gados° y ágiles.° Es la obsesión del régimen.° Hay   thin / diet
45 la Asociación de *Weight Watchers* que ayuda a los
débiles° que están a punto de caer en la tentación.   los . . . the weak ones
Los miembros tienen un pacto mutuo:° una lla-   pacto . . . mutual agreement (*lit.*,
mada telefónica resulta en el consejo inmediato de   pacto = pact)
resistir . . . de no comer. Esta asociación es el resul-
50 tado lógico de una costumbre ilógica de comida.
Los deseos simultáneos de comer y de estar delgado crean° en el americano una esquizofrenia del   create
estómago.

La gula en España

cubiertos - silverware
tenedor - fork
cuchara - spoon
cucharilla - little s
cuchillo - knife

platos - plates
vaso - glass
copa - wine glass
taza - coffee cup
servilleta - napkin

55   En los siglos pasados, los españoles sufrieron de
mucha hambre a causa de su situación histórica y
económica. Ahora, con sus posibilidades económi-
cas, tienen más comida. En el siglo XX los españoles se distinguen de los otros europeos por dos co-
60 sas: por lo que comen y por la hora en que comen.
Hoy, hay una preocupación por la línea,° preocupa-   figure
ción que no existía antes; sin embargo, los españoles continúan devorando más que la mayoría° de   majority
los habitantes del globo.
65   El español come con frecuencia y come cantidades enormes. Su horario° de comida comienza por   schedule
la mañana con un desayuno ligero y termina muy

tarde de la noche con la cena. Generalmente, el horario consiste en:

70

el desayuno	7:30–8:30
el almuerzo	11:00–12:00
la comida	2:00–3:00
la merienda	6:00–7:00
la cena	10:00–11:00

75 Aun cuando el español va a un bar[3] para la merienda—que se considera una comida ligera— las 'cositas' que come son suficientes para el almuerzo de los más ricos del mundo, los norteamericanos. Estoy seguro de que no se va a creer esto en
80 mi país porque el español piensa que su país es pobre. Por eso, cree que en otros países del mundo la comida tiene que ser más abundante y rica. Por otra parte,° el español, que tiene orgullo de° tantas cosas, es modestísimo cuando se refiere a la canti-
85 dad que come. En un restaurante español se oye con frecuencia el siguiente diálogo entre amigos:

Por . . . On the other hand / tiene . . . is proud of (lit., orgullo = pride)

—No como casi nada . . .
—Pero veo lo que pides. Sopa . . .
—Sólo un poquito . . .
90 —Pescado . . .
—Unas sardinas pequeñitas, pequeñitas . . .
—Carne . . .
—Un filetito, nada más° . . .
—Ensalada . . .
95 —Eso no cuenta . . .
—Queso[4] . . .
—¡Hay que tomar algo de postre . . . !

Un . . . Just a little filet

Cuando vuelvo a mi país y voy a comer con amigos, siempre pido menos que mis compañeros. Esto les sorprende. «¿Estás enfermo?», me preguntan cuando sólo quiero una chuleta con verduras,° ensalada y fruta . . . «No comes nada. ¿Qué te pasa?»

chuleta . . . chop (of meat) with green vegetables

Adaptación de *Los siete pecados capitales en los Estados Unidos* y *El español y los siete pecados capitales* de Fernando Díaz-Plaja (Madrid)

1. *Los siete pecados,* the seven deadly sins, are traditionally listed as: *la soberbia* (pride), *la avaricia* (covetousness), *la lujuria* (lust), *la ira* (anger), *la gula* (gluttony), *la envidia* (envy), and *la pereza* (idleness). The concept of deadly sins originated early in the Christian era and these seven were grouped together as early as the sixth century. A sin was classified as "deadly" not merely because it was a moral offense but also because it gave rise to other, more serious sins.

2. When Spanish speakers need to refer to the three meals common in the United States, they sometimes say *el desayuno, el almuerzo,* and *la cena.* These words, however, have different meanings in Spain.

   El desayuno is a relatively large meal for many people in the United States. In Spain, it tends to be light, consisting of a hot drink and some type of bread or pastry.

   El almuerzo is the word used for the North American noontime meal. In Spain, however, it is a mid-morning snack, which may consist of a slice of *tortilla* (a potato and egg omelette) or a *bocadillo* (a sandwich made with a small loaf of French-type bread)

   La comida is the largest meal of the day in Spain. Eaten around two o'clock, it is usually served in three to five courses. The word *comida* may also mean "meal" or "food" in a general sense.

   La merienda is another light snack and is eaten around six p.m. It may consist of such things as yogurt, *tortillas,* fruit and cheese, or hot chocolate and *churros* (French-fried strips of dough with sugar).

   La cena is a late evening meal eaten around ten, usually consisting of at least two courses.

3. In Spain, *un bar* is as much a place for eating as for drinking.

4. Desserts in Spain tend to be less elaborate than in the United States. *Queso* (cheese) and fresh fruit are among the most common.

It is helpful to look for stereotypes and exaggeration as you read an article such as *¿Comer, o no comer?* in which the author is obviously making fun of some aspect of human behavior. After reading each paragraph you may want to evaluate what the author said and ask yourself if he is presenting clear-cut facts or if he is deliberately exaggerating to make his point.

actividades

A. ¿Comprende Ud.?

Basing your decision on the reading selection, decide whether the following statements are true or false. If a statement is false, change it to make it true.

1. Fernando Díaz-Plaja escribió libros objetivos y serios sobre las actitudes hacia la comida en varios países.

2. Cuando una persona come o bebe demasiado, el pecado que comete es la gula.

3. La lógica de los americanos se nota especialmente en su horario de comidas.

4. Si el americano no se levanta de noche para comer algo, pasa más de doce horas de estar ayuno.

5. La obsesión del régimen en los Estados Unidos es muy fuerte; por eso, existe una organización para ayudar a la gente a no comer.

6. El desayuno de los americanos es ligero.

7. Los españoles cenan a la misma hora que los americanos.

8. En España, la comida principal es el almuerzo.

9. En la opinión de los españoles, la merienda es una comida ligera.

10. El español cree que come muy poco.

B. Puntos de vista

From Díaz-Plaja's satirical point of view, who might make each of the following statements, a Spaniard or an American?

1. La obesidad es el enemigo mayor de la salud.

2. Se come muy poco en mi país porque somos muy pobres.

3. Hay que comer mucho por la mañana.

4. Tomo bebidas dietéticas porque quiero ser más delgado.

5. Sólo comí cuatro veces ayer y casi me muero de hambre.

C. En un restaurante español

With a small group of classmates imagine that you are in a Spanish restaurant. One student is the waiter and the others are the customers. Order a meal. You might comment on the quality and price of the food, the service, the quality of the restaurant. You may want to use some of the following *frases útiles,* but you need not limit yourself to them.

Cliente

Una mesa para dos, por favor.
Me trae _____, por favor.

¿Hay _____?
Quisiera _____.
Nada más, gracias.
Esto cuesta demasiado.
_____ está frío.
¿Qué le debo?
¿Qué le damos de propina?

Customer

A table for two, please.
Would you bring me _____, please?
Is there any _____?
I would like _____.
Nothing else, thank you.
This costs too much.
_____ is cold.
How much do I owe you?
How much should we give him (her) as a tip?

Camarero

Sí, señor. Pasen Uds., señores.
¿Qué desea Ud.?
¿y para beber?
¿y de postre?
¿Desea Ud. más café?
¿Hay algo más, señor?
Lo siento mucho. Le traigo otro _____.

Waiter

Yes, sir. Right this way.
What would you like?
and to drink?
and for dessert?
Would you like more coffee?
Will there be anything else, sir?
I'm very sorry. I'll bring you another _____.

```
Restaurante            CASA CERVANTES        🍴🍴        Carta
Calle Mayor, 3          Teléf. 30-40-15                  Menu
```

PRIMER GRUPO	Precio
First Group	*Price*

Consomé
   Consommé. 35,00
Sopa de pescado
   Fish soup. 50,00
Entremeses variados
   Assorted appetizers. 55,00

SEGUNDO GRUPO
Second Group

Tortilla española
   Spanish potato omelette 45,00
Judías verdes
   Green beans 45,00
Guisantes con jamón
   Peas with ham. 45,00
Coles de Bruselas
   Brussels sprouts 60,00
Espárragos con mayonesa
   Asparagus with mayonnaise 90,00
Trucha
   Trout. 90,00
Langostinos con mayonesa
   Crayfish with mayonnaise 160,00

*

Botella de vino de la casa
   Bottle of house wine 35,00
Botella de cerveza
   Bottle of beer 15,00
Botella de agua mineral
   Bottle of mineral water. 25,00

TERCER GRUPO	Precio
Third Group	*Price*

Filete de ternera
   Filet of veal 120,00
Cordero asado
   Roast lamb. 150,00
Chuleta de cerdo
   Pork chop 110,00
Lomo de cerdo
   Pork loin. 90,00
Pollo asado
   Roast chicken 75,00
Solomillo con champiñon
   Steak with mushrooms. 170,00
Paella (para dos personas)
   Paella (for two people). 230,00

CUARTO GRUPO
Fourth Group

Fruta
   Fruit 30,00
Queso
   Cheese 40,00
Flan
   Custard. 30,00

*

Pan
   Bread. 5,00
Café solo
   Black coffee 20,00
Café con leche
   Coffee with milk 25,00

SERVICIOS INCLUIDOS

(Note: Because of the growth of tourism in Spain, the Spanish National Government established a system for rating the quality of restaurants. In this system, the forks printed on the menu reflect the quality and price of the food. Four forks indicate the most highly rated restaurants.)

D. Una invitación

Part I: Imagine that you are a Spaniard who is planning a social gathering, such as *una fiesta de Año Nuevo, de día de santo, de aniversario de matrimonio,* or simply *una cena.* For your party decide what food you will serve (see the menu in Activity C) and write an invitation, using the following model.

LA SEÑORITA LUISA CARDONA Y RAQUEJO

tiene el gusto de invitarle a usted

a una fiesta

en honor de su amigo

DON CARLOS SÁNCHEZ Y MONTEMAYOR

viernes, 11 de mayo
Calle Sevilla, 37
Teléf. 9-38-49-65

R.S.V.P.

Part II: After planning your menu and preparing your invitation, give the invitation to a classmate. He or she might accept, give you an excuse explaining why he or she cannot come, or be undecided. Whatever the response, you two will still want to discuss details of the party: food, dress, entertainment, other guests.

¡Buena suerte con su fiesta!

E. Un día en la vida de Alfonso Mantero

The following sketch will give you some insights into how Spaniards divide up their day. Observe the extent to which this person's schedule revolves around meals. Then discuss the questions that follow.

Alfonso Mantero es un estudiante de veintidós años que está estudiando arquitectura en el Instituto Politécnico Superior de Madrid. Esta mañana se levantó temprano para una clase a las nueve. Después de desayunar, cogió su bocadillo para el almuerzo y se fue a tomar el autobús. Pasó toda la mañana en clase y a la una tomó el autobús de nuevo para ir a casa. Hoy tuvo prisa porque tenía que pasar por el banco y la farmacia que se cierran a la una y media. Llegó al banco a tiempo, pero la farmacia ya estaba cerrada. Era la hora de la comida. Al llegar a casa, toda la familia ya estaba esperándolo.

A eso de las cuatro y media, Alfonso salió de casa para ir a su trabajo en una oficina de arquitectura. En el camino, se paró en la farmacia que ya estaba abierta. A las ocho, cuando se cerró la oficina, Alfonso y unos compañeros salieron a pasear y a tomar unos vinos en el centro. Cuando Alfonso miró su reloj a las diez menos cuarto, se fue inmediatamente a casa porque a su madre le gusta cenar a las diez en punto. Otra vez, todos lo esperaban.

A las once, Alfonso dejó a la familia porque iba a reunirse con los amigos para ir al cine.

1. ¿Cómo están relacionadas las actividades de Alfonso con el horario de comida?

2. ¿Qué hace Ud. durante un día típico? Prepare una descripción breve de sus actividades y las horas en que las hace. Luego, compare su horario con el de Alfonso Mantero. ¿En qué son similares? ¿En qué son diferentes?

3. Todos los miembros de la familia de Alfonso van a casa a la hora de comer. Es una hora para la intimidad familiar. ¿Es así en la familia de Ud.? ¿Qué importancia tienen las comidas para su familia?

Dígame

1. Un español va a visitar a la familia de Ud. durante una semana. Para enseñarle nuestras costumbres respecto a la comida:
   ¿A qué restaurante lo va a llevar Ud.?
   ¿Qué le va a dar de comer y de beber en su propia casa?

2. Un amigo de Ud. va a España por primera vez. ¿Qué debe saber de las comidas españolas y de su relación con las costumbres de la vida diaria?

3. Díaz-Plaja usa mucho una clase de humor que se llama « sátira ». Por lo general la intención de la sátira es hacer comentarios sociales. Una manera de hacer esto es por medio de la exageración. ¿Puede Ud. encontrar ejemplos en la lectura?

   Ud. es norteamericano y sabe como se vive aquí. En su opinión, ¿cómo exagera Díaz-Plaja en sus comentarios sobre la gula en los Estados Unidos? Busque Ud. palabras o frases específicas.

   Díaz-Plaja también emplea la exageración cuando habla de la gula en España. Aunque Ud. no es español, probablemente puede encontrar algunos ejemplos de esta exageración. ¿Qué palabras o frases la indican?

La vida social
del microbio

    El Dr. Frederick Gaudet es director de un laboratorio de estudios psicológicos. Con frecuencia hace estudios para compañías de varios países; por ejemplo, investiga los cambios de personal° y las causas del ausentismo.° Por eso sus compañeros profesionales no comprenden su interés en los microbios. El Dr. Gaudet se lo explica a un amigo:

    —Ud. sabe que soy psicólogo industrial y que hago estudios sobre las causas del ausentismo entre los empleados. Pues, mi interés en los microbios es resultado de estos estudios. Ahora tengo una teoría sobre las relaciones sociales entre los microbios y la gente. Es muy interesante estudiar cómo piensan y se comportan° esos pequeños organismos.

personnel

absenteeism

se . . . act, behave

—¿Los microbios piensan?—le pregunta el amigo.

—¡Claro que sí!—contesta el Dr. Gaudet.—Por ejemplo, ellos saben distinguir muy fácilmente los
20 días de la semana. Mis estudios revelan que hay muchos más empleados ausentes los lunes que los otros días de la semana. Por eso, es muy evidente que los microbios prefieren trabajar los fines de semana.

25 —¡No me diga!—responde el amigo.

—Sin embargo—continúa el Dr. Gaudet,—parece que algunos microbios prefieren comenzar su trabajo un poco más temprano. En algunas compañías hay bastante ausentismo los viernes también . . . so-
30 bre todo° si pagan al personal los jueves.

sobre . . . especially

—Pues no es difícil explicar eso—dice el amigo, que empieza a tener sus dudas.

—Un momento—responde el Dr. Gaudet.—La explicación más probable, en mi opinión, es que los
35 microbios son muy humanitarios. Piense Ud. en esto: hay poco ausentismo en las fábricas° que no

factories

pagan a los empleados cuando están enfermos. ¿No es claro que los microbios sólo atacan a los empleados que no pierden dinero cuando están ausentes?
40 —Puede ser—contesta el amigo.

—Para mí no hay duda. Y también los microbios son tímidos. Dejan de atacar° inmediatamente

Dejan . . . They stop attacking

cuando un jefe empieza a hacer preguntas a los empleados que están frecuentemente enfermos. Ade-
45 más, los microbios no se hacen amigos rápidamente con las personas. En muchas fábricas los nuevos empleados pueden pasar seis meses sin estar enfermos . . . y menos mal,° porque muchas fá-

menos . . . it's a good thing

bricas no pagan a los nuevos empleados cuando
50 están enfermos.

—¡Extraordinario!—exclama el otro.—Empiezo a pensar que los microbios son bastante simpáticos. Dígame, ¿prefieren los microbios la compañía de cierto tipo de personalidad?

55 —Parece que sí, pero sus gustos son completamente opuestos a° los gustos humanos. Por ejemplo, casi siempre atacan en las oficinas donde los jefes están de mal humor. Además, prefieren a los empleados antisociales y solitarios que no se lle-
60 van bien° con sus jefes.

opuestos . . . opposite from

no . . . don't get along well

    —¿Tiene importancia la estación del año?—pregunta el amigo.

    —La estación, sí, y también los sucesos° importantes. Por ejemplo, algunas veces hay oficinas en-
65 teras que están casi desiertas° el día después de las elecciones nacionales, o durante la serie mundial de béisbol.

events

deserted

    —Todo esto es muy importante—dice el amigo al final de la conversación.—Creo que Ud. debe lle-
70 var su teoría a los jefes del gobierno: les puede interesar.

    —Claro—contesta el Dr. Gaudet.—Pero por el momento, me parece que voy a atrapar un catarro.° Lo pesqué° ayer cuando recogí mi sueldo.° ¿No
75 puede ser que los microbios me atacan porque ya conozco su juego?

atrapar . . . to catch a cold

caught (*lit.*, fished) / salary

Adaptación de un artículo de *Life en español* por Thomas Fleming

One way to make your reading less difficult is to be aware that many words have more than one meaning and that only the context can tell you for sure what the word means. For example: *dejar* (to leave, to allow), *deber* (ought, to owe), *llevar* (to wear, to carry). When you encounter such a word, it is usually helpful not to assign meaning to it until you read further. Usually the context that follows will make clear the appropriate meaning.

Similarly, you need to be flexible in dealing with prepositions. Spanish and English prepositions do not match very well, and the "dictionary meaning" of the preposition may not fit the context. Therefore, a good strategy is to keep reading and let the context determine the meaning for you.

actividades

A. ¿Comprende Ud.?

Check your understanding of the reading selection by answering the following questions.

1. ¿Por qué tiene interés el Dr. Gaudet en los microbios?
2. ¿Por qué dice el Dr. Gaudet que los microbios saben distinguir los días de la semana?
3. ¿Por qué dice el Dr. Gaudet que los microbios son humanitarios?
4. ¿Por qué dice el Dr. Gaudet que los microbios tienen gustos opuestos a los gustos humanos?
5. ¿Por qué piensa el Dr. Gaudet que va a enfermarse?

B. ¿Qué quiere decir?

Sometimes what people say and what they really mean are two different things. Test your ability to read between the lines by matching Dr. Gaudet's comments with their appropriate "translations."

1. Los microbios prefieren trabajar los fines de semana.
2. Algunos microbios trabajan antes del fin de semana.
3. Los microbios sólo atacan a los empleados que reciben su salario aun cuando están enfermos; por ejemplo, no se hacen amigos rápidamente de los nuevos empleados.
4. Los microbios dejan de atacar cuando el jefe empieza a hacer preguntas.
5. Los microbios atacan con frecuencia donde los jefes siempre están de mal humor.
6. Los microbios casi nunca atacan a los empleados francos, sinceros y amistosos.
7. Los microbios trabajan más en ciertas estaciones del año y cuando ocurren sucesos especiales.

_____ Los empleados que pierden dinero cuando están enfermos tratan de trabajar todos los días.

_____ Si los empleados quieren hacer algo importante, algunas veces dicen que están enfermos.

_____ A muchos empleados no les gusta trabajar los lunes después de dos días de diversión.

_____ Algunos empleados que reciben su dinero los jueves prefieren no trabajar los viernes.

_____ Algunas veces los empleados no quieren trabajar con jefes desagradables.

_____ Los empleados tienen miedo de dar excusas a un jefe sospechoso.

_____ Los empleados sinceros no se quedan en casa cuando están bien.

C. Manolito Microbio

Part I: The following cartoons represent a typical day in the life of "Manolito Microbio." Choose an appropriate caption for each one from the list provided.

a. ¿Cuál prefieres tú?
b. ¿Ves? Ahora la pagan. Pronto la podemos atacar.
c. ¿Ahora o después del partido?
d. ¡Excelente, Manolito! Va a estar ausente durante tres días.
e. Lo siento, jefe, pero no puedo trabajar hoy. Estoy enfermo.
f. Manolito, nos conoce demasiado bien. ¡Al ataque!

Part II: Now create your own captions for the following cartoons. Your captions may be related or completely unrelated to the reading, as you wish.

D. Excusas, excusas

People sometimes give very strange excuses in response to questions or accusations. Each of the following pairs of people is composed of an authority figure and a subordinate. Your task is to imagine a one-line question or accusation the authority figure might say, and a likely—or not so likely! —one-line excuse that the subordinate might give. You may enjoy doing this activity in small groups and then comparing the responses of each group.

Example: SARGENTO: ¿Por qué no usa Ud. el rifle?
SOLDADO. Porque no me gusta el ruido.

Parejas:

1. un jefe y un empleado
2. un clérigo y un miembro de su iglesia
3. un maestro y un alumno
4. una madre y un hijo
5. un policía y un conductor de coche

E. Los microbios van a la escuela

Absenteeism is a problem in education as well as in industry. Using the reading as a point of departure, prepare a short spoof about school absenteeism. You may want to refer to Activity B as well as to the following list of situations and circumstances that are sometimes related to being absent:

a. el día antes y después de un partido importante
b. los lunes después de un gran baile
c. el día antes y después de vacaciones largas
d. los días de exámenes
e. los días en que uno no tiene preparada la tarea

Dígame

1. ¿Está Ud. de acuerdo con las teorías del Dr. Gaudet? ¿Por qué sí o por qué no?
2. Todo el mundo da excusas de vez en cuando para justificar sus acciones.
   a. ¿Cree Ud. que es necesario dar excusas a veces? Explique Ud.
   b. ¿En qué situaciones se puede defender el uso de excusas? ¿En qué situaciones no es justificado usarlas?
   c. ¿Da Ud. excusas a veces? ¿Cuándo?

12. ¿Valentía o locura?°

Bravery or Madness?

España. Pamplona. Julio. Las fiestas de San Fer-
mín.¹ Música, alegría, vino . . . y peligro. Todas las
mañanas los toros que se van a lidiar° durante la   se . . . are going to be fought
tarde corren el kilómetro más largo del mundo—
5 largo para la multitud de jóvenes y hombres que
corren delante de los toros y esperan llegar a la
plaza. Los toros siempre alcanzan° a muchos de los   overtake, catch up with
corredores . . . y a veces cogen° a algunos, o en la   wound, gore
calle o en la plaza misma. En el hospital, un perio-
10 dista habla con unos heridos.°   unos . . . some of the injured
                                       people

* * *

Javier Argandoña, de Bilbao, 20 años, gravemente
herido en la plaza:

—¿Recuerdas cómo te cogió el toro?

—Entré en la plaza y me tiré a la derecha.° Había   me . . . I headed to the right
15 un chico medio caído y lo agarré.° Miré para   grabbed

atrás y vi como entraba un toro mirándome; me
di cuenta que° venía por mí con mucha rapidez.
Me tiró al suelo y me cogió. En un instante alguien le llamó la atención al toro y así me salvó
20 la vida. Al principio no sentí nada, y salté al
otro lado de la barrera° sin ayuda. Me di cuenta
entonces que mi herida era grave porque empe-
zaba a perder el conocimiento.°

—¿Por qué no pudiste evitar la cogida?°

25 —Con el exceso de gente no pude llegar a la barrera a tiempo. Con menos gente, seguro que sí.
Seguro.

—¿Notaste que tu condición era tan grave para
llamar a un sacerdote?°

30 —No. Pero claro que cuando lo llamaron tuve
miedo. Entonces creí que la herida era más grave
de lo que fue.

—¿Fue tu primer encierro?°

—Desde los 16 ó 17 años corro todos los en-
35 cierros menos los primeros, los del domingo.
Es muy peligroso con tantos corredores, sobre
todo° los extranjeros que no conocen los toros.
Pero este año vine para sábado y domingo y sólo
podía correr el encierro del domingo.

40 —¿Vas a correr otra vez?

—No. No. Ahora tengo mucho miedo, mucho.
Aunque creo que soy capaz de° terminar bien,
no corro con tal exceso de gente . . . ni con poca
gente, tampoco. No voy a correr más.

45 Florentino Bermejo Heras, de Alfaro, 20 años, heri-
das menos graves:

—Voy mejorando. El médico me dice que estoy
bien, pero no sé cuándo me va a dejar salir.

—¿Una herida en el cuello° te da miedo a los
50 toros?

—El próximo encierro que voy a correr es el 15
de agosto en mi pueblo. Creo que también
vuelvo a correr en Pamplona, porque todavía no
les tengo miedo a los toros.

me . . . I realized that

wooden fence around the bull ring

perder . . . to lose consciousness
evitar . . . avoid getting wounded

priest

running of the bulls

sobre . . . especially

capaz . . . capable of

neck

55 Glass Fames, norteamericano de West Virginia, con
24 puntos° en la pierna izquierda: stitches
    —Sí, estoy mejor con respecto a ayer.
    —¿Te atreves° a correr otro año?   Te . . . Will you dare
60 —Posiblemente, si vengo el año que viene. Me
    gustan mucho las fiestas de San Fermín, pero—
    aunque tengo 24 años—seguramente voy a pre-
    guntar en casa a ver si me dejan venir.

    Alberto Marcos Hernández, pamplonés, 24 años,
65 que corre desde los 18 años. Dice sonriente° en la   smiling
    cama:
    —Claro que esta mala suerte no cambia nada
    para mí. Todo va a continuar tan normal como
    antes con respecto a los encierros. Mi cogida fue
70 una estupidez.

    Pablo Viguría Apesteguía, originalmente de Pam-
    plona, 42 años, soltero:°   bachelor
    —¿Corre siempre en el encierro?
    —Sí, siempre. Viví diez años en París y ahora
75 llevo dos años° en Palma de Mallorca, y siempre   llevo . . . I have lived two
    vuelvo para las fiestas de San Fermín.   years

    José Antonio Esteban Láinez, pamplonés, 18 años.
    Duerme—es el efecto de los calmantes.° Su compa- sedatives
    ñero de habitación habla de la cogida:
80 —A él le cogió junto al Hospital Militar. Fue he-
    rido en la pierna, igual que yo. Pero ahora ya se
    siente bastante bien. Claro que cuando se le pasa
    el efecto de las inyecciones le duele, como a mí.

                    *   *   *

85 ¿Y por qué todo esto? ¿Por qué correr por las
    calles con animales tan peligrosos? Claro está que
    las fiestas de San Fermín tienen un origen reli-
    gioso, y que la corrida de toros viene de los tiem-
    pos primitivos, pero . . . ¿arriesgar° la vida así en to risk
90 el encierro? ¿Por qué? Contesta un señor pamplo-
    nés: —Es la valentía de la sangre navarra° correr   sangre . . . Navarran blood
    delante de los toros.

¿Valentía . . . o locura? ¿Qué piensa usted? Debe
considerarlo bien. Y si contesta « locura », piense
95 usted en esto: ¿No tenemos todos los hombres nuestra propia locura que le da sabor° a la vida?   flavor

Adaptación de un artículo de *Diario de Navarra* (Spain)

Notas culturales y lingüísticas

1. Pamplona, an industrial city in the northeastern Spanish
   province of Navarre, celebrates the *Fiestas de San Fermín*
   each July 6–14 in honor of its patron saint. While the festivi-
   ties include religious services, parades, regional music and
   dancing, fireworks, and bullfights, the *Fiestas* are most
   widely known for the daily *encierro,* or "enclosing of the
   bulls," that begins on July 7. During each *encierro,* the six
   bulls to be fought that afternoon are transferred from their
   corral to the bullring; led by six tame oxen, they gallop
   along a three-fourths kilometer course that runs through
   the heart of the city along narrow streets and within tempo-
   rary barricades. For many years it has been traditional for
   men, both young and old, to run ahead of the bulls, trying
   to reach the bullring safely or to escape injury if the herd
   overtakes them. Although the fighting bull is an extremely
   dangerous animal, fortunately his instinct is such that he
   usually prefers to continue running with his companions
   rather than stop and attack the runners. Thus, the number
   of serious injuries and fatalities over the years is much
   lower than one might expect.
       In the past, the *encierro* was common in many parts of
   Spain; it still survives in some small towns but on a much
   smaller scale than in Pamplona. The *encierro* in Pamplona
   has been internationally famous since Ernest Hemingway
   wrote about it in *The Sun Also Rises* (1926). For a very
   readable description of *los Sanfermines,* see James Michener's *Iberia* (Random House, 1968). For an excellent discussion of the bullfight itself see John Fulton's *Bullfighting*
   (Dial Press, 1971).

Guía para la lectura

Just a reminder: As you read a passage—and particularly a
conversation—it can be very helpful to pay close attention
to both object pronouns and verb endings. Paying attention
to these details is what will best help you to know "who did
what to whom when."

actividades

A. ¿Comprende Ud.?

Check your understanding of the reading selection by choosing the most accurate completion for each of the following statements.

1. Pueden ocurrir cogidas . . . .
   a. solamente en la calle
   b. solamente en la plaza
   c. en la calle y en la plaza

2. El toro no mató a Javier porque . . . .
   a. nadie se preocupó por él
   b. otro corredor lo ayudó
   c. los otros corredores corrieron muy rápidamente

3. Llamaron a un sacerdote para Javier porque . . . .
   a. creían que iba a morir
   b. Javier lo pidió
   c. San Fermín es un santo católico

4. Hay más peligro cuando . . . .
   a. corren solamente españoles
   b. no hay tantos corredores
   c. hay muchos corredores

5. Según las entrevistas, cuando uno está herido, su reacción es . . . .
   a. el deseo de correr otra vez
   b. variable, según el individuo
   c. la decisión de no correr más

6. Los que corren en Pamplona son . . . .
   a. españoles y extranjeros
   b. todos españoles
   c. todos de Pamplona

7. Los encierros existen porque . . . .
   a. los toros necesitan el ejercicio
   b. no hay corrida normal
   c. es una tradición

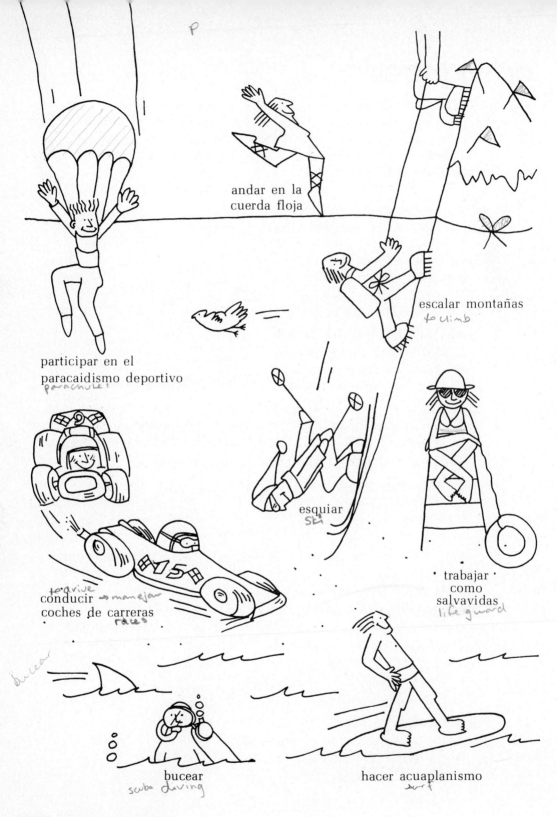

andar en la cuerda floja

escalar montañas
to climb

participar en el paracaidismo deportivo
parachutes

esquiar
ski

conducir → manejar
coches de carreras
to drive
races

trabajar como salvavidas
life guard

bucear
bucear
scuba diving

hacer acuaplanismo
surf

B. Actividades peligrosas —dangrous

People engage in dangerous pastimes all over the world. Some of these activities are illustrated opposite. Indicate how dangerous you think they are by using the numbers 1 to 5 (5 = most dangerous). As you share your ideas with classmates, you may want to consider the questions that follow.

_____ 1. participar en el paracaidismo deportivo
_____ 2. conducir coches de carreras
_____ 3. escalar montañas
_____ 4. andar en la cuerda floja
_____ 5. hacer acuaplanismo
_____ 6. bucear
_____ 7. correr el encierro de Pamplona
_____ 8. trabajar como salvavidas
_____ 9. nadar grandes distancias
_____ 10. esquiar

a. En su opinión, ¿qué actividades son más peligrosas? ¿menos peligrosas?

b. ¿Hay algunas actividades que Ud. o sus amigos consideran más peligrosas que el encierro? ¿Cuáles son?

c. ¿En qué países participa la gente en estas actividades?

d. ¿Es España el único país donde la gente participa en « locuras »?

C. Consideraciones

People who engage in dangerous activities risk serious injury or even death in return for some material gain or personal satisfaction. What might one gain from participation in activities like those below? Are any of them worth the risk for you? Share your ideas with classmates and see if you agree. For example, you might begin by saying: *Los que corren en Pamplona pueden ganar en sentido de aventura pero eso no es suficiente para mí.*

correr en Pamplona
escalar montañas
el paracaidismo deportivo
trabajar como salvavidas

hacer un safari en África
manejar un coche en las 500
  Millas de Indianápolis
¿ _____ ?

D. Algo para todos

While many people enjoy activities like the *encierro,* others feel that it is
foolhardy to risk one's life unnecessarily—they prefer the challenge of activities that are equally exciting and demanding but less dangerous. In many
of these alternative activities the risk involved is mental, financial, or emotional rather than purely physical. What is your own opinion? Do you prefer
activities like those given in B and C above or like those suggested below?
Pick one that really interests you, whether you already do it or would like to
do it in the future, and explain to your classmates why you prefer it over the
others. You may add your own suggestions to either list.

> participar en debates
> ser candidato político
> tocar en un conjunto de *rock*
> competir en los *quiz shows* de la televisión
> competir en los Juegos Olímpicos
> jugar en los casinos de Las Vegas
> jugar al póker
> ¿ —— ?

¿Qué piensa Ud. de la corrida de toros? Lo siguiente es una traducción simplificada de un diálogo que relata James Michener en su libro *Iberia*. Después de leerla, considere Ud. las preguntas que siguen.

AMERICANO: ¿Cómo es posible ser civilizado y tolerar la corrida de toros? Los americanos decentes, por ejemplo, nos oponemos al boxeo porque es demasiado brutal. ¿Por qué no se oponen Uds. a la corrida?

ESPAÑOL: Hay algunos españoles que tienen esa misma posición. Pero en cambio, también hay muchos españoles decentes a quienes les gusta la corrida; para ellos la brutalidad no es un precio muy grande para tanta belleza.

AMERICANO: ¿Pero cómo es posible justificar la brutalidad con la belleza?

ESPAÑOL: Para comprender esto no debemos comparar la corrida con el boxeo, sino con un deporte que Uds. aceptan—el fútbol americano.

AMERICANO: ¿¡El fútbol!?

ESPAÑOL: Sí, señor. Cada año el fútbol mata a más de cuarenta de sus mejores jóvenes.

AMERICANO: Bueno, hay un accidente de vez en cuando.

ESPAÑOL: Cuarenta hombres, todos los años, y de los mejores jóvenes de su país. Pero no oigo protestas públicas en contra del fútbol.

AMERICANO: Bueno, el fútbol es diferente. Lo juegan en nuestras mejores universidades. Es parte de nuestra vida americana. Todos estamos a favor del fútbol.

ESPAÑOL: Exactamente. El fútbol forma parte de su vida, y produce cantidades enormes de dinero. ¡Claro que no lo ataca nadie!

AMERICANO: Pero no consideramos el fútbol como una manera de ganar dinero—es un deporte para los verdaderos hombres.

ESPAÑOL: Para un europeo como yo, lo más increíble es

que, mientras Uds. matan sus cuarenta hombres cada año, existe una versión mucho mejor del fútbol que no mata a nadie.

AMERICANO: Ud. quiere decir el *soccer*? El juego afeminado?

ESPAÑOL: Todo el resto del mundo juega este deporte—que Ud. llama afeminado—y lo considera el mejor juego de equipos que existe para profesionales. Y no mata a nadie.

AMERICANO: Pero es un juego afeminado. Y no es parte de la vida americana.

ESPAÑOL: Exactamente—porque los americanos insisten en un juego más brutal. La verdad, según las estadísticas, es que su fútbol es seiscientas veces más peligroso que nuestra corrida.

AMERICANO: Pero hay esta diferencia: en el fútbol el jóven puede jugar o no. En la corrida el animal no puede escoger. Y lo matan.

ESPAÑOL: Si Ud. quiere lamentar la muerte de un animal y olvidar la muerte de hombres jóvenes, es su propia decisión. Podemos concluir, entonces, que la corrida de toros es un deporte brutal relativamente no peligroso que les gusta a los españoles. El fútbol es un deporte brutal relativamente peligroso que les gusta a los americanos.

AMERICANO: Sí, pero la corrida es . . . pues, es degradante.

ESPAÑOL: Si Ud. lo dice . . .

1. ¿Qué piensa Ud. de los puntos de vista del español y del americano?

¿Está Ud. de acuerdo con el español? ¿con el americano?

¿Cree Ud. que la comparación de la corrida con el fútbol es una buena comparación? ¿Por qué lo cree?

2. ¿Es verdad que la violencia es parte de la vida americana?

¿Es verdad que los americanos insisten en juegos brutales? ¿Por qué piensa Ud. eso?

¿Se nota la violencia en otros aspectos de la vida americana? ¿En cuáles?

¿Es una característica típicamente americana, o es más universal? Explique Ud.

3. ¿Cree Ud. que todos los países deben tener los mismos valores y costumbres?

¿Qué le gusta de la vida americana que no existe en otros países?

¿Qué le gusta de la vida de otros países que no existe en los Estados Unidos?

13

El dios domesticado

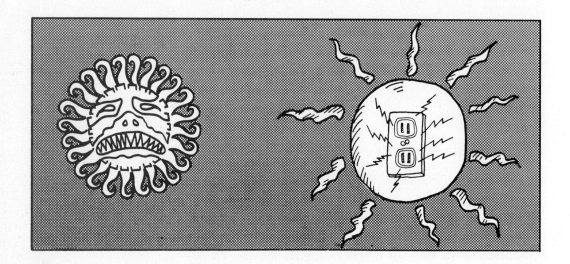

Hoy no consideramos un dios al sol, pero antes sí. ¿Por qué? Tal vez la respuesta está en la capacidad de asombro° del hombre primitivo. Trate Ud. de imaginar el instante mágico cuando se despierta la mente humana.°

Un hombre está solo en la oscuridad° natural de la noche. No puede ver nada; sólo puede sentir° las cosas. De repente,° empieza a aparecer la luz mientras la oscuridad desaparece. Primero, hay rayos débiles° de colores rosados.° Las cosas se distinguen. Luego, emerge la gran luz y aparece todo un mundo de formas y colores. El hombre se mira; por

astonishment

mente . . . human mind
darkness
sense, feel
De . . . Suddenly

rayos . . . weak rays / pink

primera vez piensa; por primera vez adora.° ¿A
quién adora? Al autor de la gran luz, del calor.
15 ¡Adora al dios Sol!

La adoración del Sol empieza con el asombro del
hombre primitivo. Los ritos° del Sol y del fuego° se
encuentran desde Asia hasta América. Los egip-
cios° lo llaman Ra y crean° una mitología solar bien
20 elaborada; lo consideran creador de todo el universo. En Centroamérica, el mito solar es muy similar al mito de Egipto. Y, en Sudamérica, los incas
del Perú se llaman « hijos del Sol » y bailan una
danza ritual cuando aparece el Sol sobre los An-
25 des.

Luego, los hebreos° le quitan la divinidad al Sol.
Para ellos, es simplemente una creación de su Dios
Jehová. Sin embargo, todavía reconocen la gran-
deza° del sol: En el salmo° 19, David dice que
30 los cielos°—inclusive° el sol—declaran la gloria de
Dios.

Pero la mente humana no puede pararse ahí—
quiere investigarlo todo. Aparece la astronomía y
se estudian los cuerpos celestes. Las preocupacio-
35 nes del hombre se complican. Quiere dominar el
tiempo, esa « cuarta dimensión » en que nos move-
mos. Aparece el calendario y las actividades del
hombre se relacionan metódicamente con el sol:
con respecto al sol se cuentan los días y las no-
40 ches, los años . . . y la vida.

* * *

Todas las ciencias están relacionadas con el sol
en cierta forma. Esta inmensa estrella° es la única
que está tan cerca de nosotros que permite su estudio directo. Hoy sabemos que este enorme globo de
45 gas está a unos 149.000.000 kilómetros de la tierra
y que tiene un volumen que es 1.300.000 veces mayor que el volumen de nuestro planeta. También
sabemos que genera° una energía prácticamente
inagotable.°

---

worships

rites, religious ceremonies / fire

Egyptians / create

Hebrews

greatness, grandeur / Psalm
heavens / including

star

generates
inexhaustible

50 La energía solar estaba desde siempre a nuestro servicio; hoy queremos captarla° y aprender a usarla. Por ejemplo, en Mont-Louis, Francia, hay una instalación donde roban y acumulan la energía solar por medio de° 3.500 espejos curvos. Y aquí 55 en España también tratamos de domesticar al dios Sol. Como resultado de estudios de la Escuela Técnica de Ingenieros Aeronáuticos de Madrid, sabemos que nuestro país tiene 3.000 horas de sol al año. Podemos ser ricos en energía solar. Almería, 60 nuestra provincia pobre, está a punto de crear un laboratorio solar en las montañas Filabres.

Debemos estar muy contentos. El sol, nuestro sol español que trae a los turistas y quema la piel nórdica°—ese mismo sol del asombro primitivo— 65 va a ser utilizado para producir calor y agua caliente. Y quizá, en el futuro, vamos a usar la energía solar en vez de la gasolina para nuestros automóviles.

Debemos estar muy contentos: el dios Sol ya 70 entra en nuestro servicio doméstico.

Pues sí . . . domesticamos al sol—al dios Sol. Fantástico, ¿verdad? Pero . . . ¿no es también una lástima? ¿Qué nos puede sorprender ahora? ¿Hemos perdido° la capacidad de asombro?

Adaptación de un artículo de *Blanco y Negro* (Madrid)

to capture it, to trap it

por . . . by means of

piel . . . Nordic (Scandinavian) skin

Hemos . . . Have we lost

Remember that prefixes and suffixes can help you to identify the meanings of words. When a word begins with *des-, ir-, im-,* or *in-,* it usually means the negation of, absence of, or opposite of what the word means without the prefix: *descubrir, irresponsable, imposible, innecesario.* When a word ends in *-ador(a),* it usually names or describes the person who does the action that the root refers to: *creador* (creator, creative); *trabajador* (worker, hard-working).

Guía para la lectura

actividades

A. ¿Comprende Ud.?

Check your understanding of the reading selection by choosing the most accurate completion for each of the following statements:

1. El hombre primitivo adora al Sol porque . . . .
   - a. no lo comprende
   - b. no le gusta la luna
   - c. le encanta la oscuridad

2. La adoración del hombre antiguo para el sol existe . . . .
   - a. en muy pocos lugares
   - b. sólo en Egipto y Centroamérica
   - c. en muchas partes del mundo

3. Para los hebreos antiguos, el sol . . . .
   - a. sigue como dios, pero es un dios inferior
   - b. ya no es un dios
   - c. no tiene ninguna importancia

4. Para tratar de dominar la « cuarta dimensión » el hombre inventa . . . .
   - a. la energía del sol
   - b. el reloj
   - c. el termómetro

5. El sol es . . . .
   - a. un astro mucho más pequeño que la tierra
   - b. un globo de gas con muy poca energía
   - c. la estrella que está más cerca de la tierra

6. Para captar la energía del sol se pueden usar . . . .
   - a. espejos curvos
   - b. automóviles de gasolina
   - c. calendarios solares

7. « Domesticar al sol » significa . . . .
   - a. estar asombrado de su energía
   - b. utilizarlo en vez de adorarlo
   - c. estudiarlo con espejos curvos

B. Al aire libre

All through history man has tried to conquer and subdue nature. In addition, he has loved and enjoyed it. What do you like best about nature? Make sentences expressing your preferences by combining items from each column below. You may want to share your preferences with some of your classmates.

			dar paseos
			escalar montañas
			hacer *camping*
	el campo		nadar
	los valles		pescar
	las montañas		cazar
	las cavernas		esquiar
	el bosque		remar
Prefiero	la playa	porque me	tostarme al sol
	los ríos	gusta mucho	sacar fotografías
	los lagos		jugar al tenis (al golf, al fútbol . . .)
	el verano		pasear en bicicleta
	el otoño		patinar
	el invierno		pasear en trineo
	la primavera		jugar en la nieve
			¿ ——— ?

pasear en trineo

patinar

cazar

pescar

remar

C. Volvemos a la naturaleza

Some people today express a desire to move to the woods and "get back to nature." If you were going to do that, which modern conveniences do you think you would miss the most? In other words, if you could take only one of the following conveniences with you, which one would it be? Meet with some classmates and come to a consensus.

radio
televisión
luz eléctrica
refrigeradora

estufa
tocadiscos
baño de agua caliente
secadora de pelo
lavadora de ropa

lavaplatos automático
automóvil
afeitadora eléctrica
¿ —— ?

D. La conservación de energía

Part I: People talk a lot these days about the need to conserve our natural resources by not using so much energy in our daily life. Consider the energy-saving activities listed below.

1. How effective do you think each one would be in reducing energy consumption? Rate them from 0 to 5 (5 = most effective).
2. How personally inconvenient would each one be? Rate them from 0 to 5 again (5 = most inconvenient).

1	2	
___	___	a. apagar la luz cuando uno no está en el cuarto
___	___	b. bajar la calefacción y ponerse más ropa
___	___	c. bañarse con agua fría en vez de con agua caliente
___	___	d. formar *car pools*
___	___	e. caminar o ir en bicicleta en vez de usar el coche
___	___	f. comprar un coche muy pequeño
___	___	g. lavar los platos a mano
___	___	h. acostarse y levantarse más temprano
___	___	i. no usar afeitadora eléctrica
___	___	j. no usar secadora de pelo eléctrica

Part II: If you and some classmates had the opportunity to plan a national program for energy conservation, which of the above activities would you recommend? The following questions may help you decide.

1. ¿Cuáles son las actividades más urgentes y prácticas que Uds. pueden recomendar en su plan?

2. ¿Por qué piensan Uds. que son las más urgentes? ¿las más prácticas?

E. La opinión de un marciano

Ecologists have made much over the lack of logic in man's thoughtless destruction of his environment. The following are fragments of a report that a visitor from outer space might send back home concerning this very point. What do you think he might be saying in the blanks?

« No comprendo a los habitantes de este planeta. Ellos saben que todos viven en un pequeño globo, pero .... Aunque los humanos necesitan respirar aire puro para vivir, ellos .... También necesitan agua pura, pero .... Si ellos quieren continuar con su vida en la tierra, deben .... Si no lo hacen, es seguro que van a .... »

Dígame

1. El autor de la selección habla de la capacidad de asombro del hombre primitivo, e implica que el hombre moderno ya no la tiene. ¿Qué piensa Ud.?

   a. Imagínese que un hombre primitivo viene a visitarlo a Ud. ¿Qué aspectos de la civilización lo van a asombrar más? ¿Por qué?

   b. Trate Ud. de pensar como él: ¿qué aspectos de la civilización moderna lo impresionan más a Ud.? ¿Por qué?

2. Al hombre moderno le gusta mucho la rutina—depende mucho de los relojes, los calendarios y los horarios para organizar su vida. Y claro está que todo esto se basa en los movimientos del sol. Considere Ud. como la rutina afecta su vida diaria.

   a. ¿Cómo pasa Ud. un día típico? Escriba sus actividades en el horario que sigue.

   8:00 _____

   9:00 _____

   10:00 _____

   11:00 _____

   12:00 _____

   1:00 _____

   2:00 _____

   3:00 _____

   4:00 _____

   5:00 _____

   6:00 _____

   7:00 _____

   8:00 _____

   9:00 _____

   10:00 _____

   11:00 _____

   b. ¿Cuáles de estas actividades son rutinarias? Es decir, ¿cuáles hace Ud. casi todos los días a la misma hora? De estas actividades, ¿cuáles son obligatorias? ¿Cuáles puede cambiar?

   c. ¿Cree Ud. que es bueno o malo tener una rutina establecida? ¿Por qué?

14

El mundo se está volviendo sordo°

deaf

De pronto, unos ruidos anormales interrumpen nuestro sueño. Nos asustamos, encendemos° la lámpara, miramos el reloj y tratamos de identificar los ruidos; es medianoche y parece que los vecinos de arriba están tirando maletas o cajas contra el suelo. Al día siguiente sabemos que, en efecto, los vecinos han vuelto de su casa de campo y han traído unas cajas grandes de libros.

¿Qué más da?° La cosa es que ellos nos han asustado bien. Y no es la primera vez que nos molestan de esta manera, aunque involuntariamente.

we turn on

¿Qué . . . And so what?

5

10

* * *

Cada generación tiene su nombre y la nuestra puede muy bien pasar a la historia como « La edad del ruido ». Un especialista en audiología° cita las cifras:° « El exceso de ruido ha causado daños en el oído° a nueve de cada diez personas. Nos estamos convirtiendo en un país de sordos ». Es que uno no se vuelve sordo sólo por el paso de los años—como se cree comúnmente—sino también por la variedad de ruidos que tiene que tolerar durante su vida.

Vamos a pensar un momento en la música moderna. Hoy día los jóvenes están aficionados a la música trepidante,° sobre todo en las discotecas, donde se han registrado ruidos verdaderamente intolerables. Por eso una compañía electrónica ha construido un aparato que desconecta la amplificación del sonido cuando llega a niveles° peligrosos.

Pero la música no es la única causa del ruido, ni mucho menos.° También los automóviles, los aviones supersónicos, las voces de la gente y hasta los aparatos domésticos van deteriorando la audición.° Estos ruidos forman un mal que provoca desórdenes físicos bastante graves. Los efectos psicológicos y nerviosos son más graves aún: insomnio más o menos crónico e hipertensión con todas sus repercusiones físicas. Nadie duda que el aumento de los ruidos en nuestras ciudades contribuye mucho al aumento del uso de tranquilizantes.

¿Qué hacer? Pues no es posible eliminar el ruido de la vida contemporánea, pero sí es posible defendernos un poco, sobre todo en la casa. Se puede obtener una protección muy satisfactoria insonorizando° solamente el dormitorio y tal vez la sala. Esto se puede hacer con « planchas acústicas » ° que, además de ser útiles, son muy agradables a la vista.

La insonorización no es sólo una comodidad° como parece. El lujo° de ayer es la necesidad de hoy. Es como el caso siguiente: Hace cincuenta

---

study of hearing

statistics (*lit.*, numbers)

inner ear

loud, trembling

levels

ni . . . not by any means

hearing

by soundproofing

planchas . . . acoustic tiles

convenience

luxury

años un cuarto de baño era considerado como un lugar reservado a personas muy ricas; pero hoy nadie piensa en construir una casa sin cuarto de
55 baño. Pues bien, hay que reconocer que la insonorización no constituye hoy día un lujo sino una necesidad para la salud física y psicológica.

Pero ¿qué se puede hacer en los casos especiales? Por ejemplo, cuando el sistema de alarma en
60 un edificio muy cercano empieza a funcionar, y suena ... y suena .... David Cann, actor inglés, tiene una respuesta. Él admite que, en un caso similar, rompió dos aparatos de alarma contra ladrones:° « Al final ya no pude resistir más ». (La
65 alarma había estado sonando sin cesar durante cinco horas.) « Arranqué° el infernal aparato de la pared, cosa que no resultó fácil ». Llevaron al señor Cann ante el juez;° fue perdonado del crimen pero tuvo que pagar diez libras° de coste.

70 En fin, es verdad que vivimos en la edad del ruido y es necesario protegernos contra sus efectos. Pero si los métodos de defensa ya mencionados no sirven, ¿qué podemos hacer? Pues, no queda más remedio que comprarnos tapones de cera° ... o ...
75 como dice el refrán:

Al mal que no tiene cura,
hacerle la cara dura.°

Adaptación de dos artículos de *Blanco y Negro* (Madrid)

aparatos ... burglar alarms

I ripped out

judge
pounds (British unit of currency)

tapones ... wax ear plugs

Al ... proverb roughly equivalent to our "Grin and bear it."

Guía para la lectura

actividades

A. ¿Comprende Ud.?

Check your understanding of the reading selection by choosing the most accurate completion for each of the following statements.

1. Nuestra generación puede llamarse « La edad del ruido » porque . . . .
   a. los vecinos nos molestan mucho
   b. muchas personas sufren daños al oído
   c. los viejos comúnmente se vuelven sordos

2. Lo malo de la música moderna es que . . . .
   a. a veces puede dañar el oído
   b. es música electrónica
   c. no es posible comprar tapones de cera

3. Los ruidos del mundo moderno . . . .
   a. producen solamente daños físicos
   b. son resultado del insomnio
   c. contribuyen al uso de tranquilizantes

4. La insonorización es . . .
   a. importante para la salud
   b. un lujo que no es necesario
   c. algo que se encuentra en el cuarto de baño

5. El señor Cann rompió los aparatos de alarma porque . . . .
   a. no podía apagarlos de otra manera
   b. era ladrón y no quería ser descubierto
   c. quería visitar al juez

B. Ruidos y reacciones

People respond differently to the little noises that bother them; what would you do in the following situations?

1. El vecino de abajo toca el piano a las dos de la mañana; Ud. decide . . . .
   a. hablar cortésmente con el vecino
   b. poner el estéreo la próxima noche a las tres de la mañana
   c. ¿ ——— ?

2. Le molesta mucho el ruido del tráfico que pasa por su casa; Ud. decide . . . .
   a. cambiarse de casa
   b. estacionar su coche en el centro de la calle
   c. ¿ ——— ?

3. Los vecinos empiezan a pelear a las tres de la mañana; Ud. decide . . . .
   a. llamar a la policía
   b. ir a ver la pelea
   c. ¿ ——— ?

4. Ud. se ha acostado después de un baño y oye el sonido de agua que cae poco a poco en el cuarto de baño. Ud. decide . . . .
   a. levantarse para resolver el problema
   b. imaginarse que es el ruido de un hermoso río en el campo
   c. ¿ ——— ?

5. El vecino empieza a escribir a máquina a medianoche, y no es la primera vez que lo hace; Ud. decide . . . .
   a. levantarse y mirar la televisión
   b. comprarse una trompeta
   c. ¿ ——— ?

6. Ud. está casi dormido cuando dos gatos empiezan a « conversar » debajo de la ventana; Ud. decide . . . .
   a. echarles agua fría
   b. contar los miaus para ver cuál habla más
   c. ¿ ——— ?

C. El buen insomnio

Not all things that keep people awake are negative—one may have trouble falling asleep in anticipation of something pleasant. Share with classmates some pleasant anticipations that might keep you awake. For example, you might say *No puedo dormirme si mañana voy de vacaciones a Tahití.*

D. ¿Qué quiere Ud. oir?

Some people say there are advantages to not hearing well, since at times it is nice not to hear bad news. What are some things you would not want to hear in the following situations? What would you like to hear? Share your ideas with classmates by completing the following sentences for each situation:

Quiero oir que . . . .
No quiero oir que . . . .

Situaciones: a. Hoy es su cumpleaños.
                 b. Ud. acaba de escribir un examen muy difícil.
                 c. Hoy es el día antes de la graduación.
                 d. Ud. busca empleo, y está en una entrevista muy importante.
                 e. Éste es su primer día en un nuevo colegio o universidad.
                 f. Hoy es el día de pago en su trabajo.

E. Juego: ¡No me diga!

A bit of gossip usually changes drastically by the time it gets back to the person who first made the comment that started it. Find out for yourself with this game.

INSTRUCTIONS: Whisper a bit of gossip into the ear of a classmate. He or she passes it on to another classmate, and so on. Each person must give the message as quickly and clearly as possible, but only once—no repetitions are allowed. At the end of the round, compare your original message with the one received by the last person. You may be surprised!

Dígame

1. Algunas personas piensan que hay menos vecinos buenos hoy día que en el pasado. ¿Qué piensa Ud.?

   Para Ud., ¿qué es un vecino bueno? ¿un vecino malo?

   ¿Son buenos o malos sus vecinos? ¿Por qué cree eso?

   Y Ud., ¿es un vecino bueno o malo? Explique.

2. Muchas veces no somos conscientes de todo lo que nos rodea—es que uno de nuestros cinco sentidos domina los otros. Si Ud. quiere tener una experiencia de este fenómeno, haga lo siguiente.

   Cierre los ojos y escuche. Mientras está escuchando, piense en estas preguntas:

   ¿Qué oye?

   ¿Oía eso antes de cerrar los ojos?

   ¿Le hace pensar en algo o recordar algo? ¿Qué?

   ¿Le gusta el sonido? ¿Por qué sí o por qué no?

15

Tres misterios y una explicación

Es viernes, y la señora Baker está haciendo la compra° en el supermercado. Después de esperar mucho tiempo en la cola,° llega a la caja.° Empieza a escribir su cheque, pero de repente° se pone completamente pálida y deja caer el bolígrafo.° Parece que le ha entrado un pánico profundo. Y en efecto, ella deja todas las compras y sale corriendo del supermercado. No para hasta llegar a casa. Entra temblando, se mete en la cama y no se mueve de allí hasta la próxima mañana.

*   *   *

está . . . is doing her shopping

line (of people) / check-out counter

de . . . suddenly

deja . . . drops her ball-point pen

Es una tarde sombría° y las calles están llenas   somber, gloomy
de niebla.° Un señor alto y distinguido camina por   fog
la calle. Parece que está pensando profundamente
—tiene el aspecto de un hombre en un estado hipnó-
15 tico. De repente, recuerda que se le ha olvidado
algo importante. Cuando se vuelve° para regresar a   se . . . turns around
la oficina, su cara se convierte en un retrato° de   portrait
horror. Queda sin moverse, paralizado de miedo.

*   *   *

Hoy es un día especial para el matrimonio Ber-
20 múdez: primer aniversario de su boda. Se están pre-
parando para ir a un banquete formal en su honor.
De repente el señor Bermúdez oye un grito de su
mujer, y corre a ver lo que ha ocurrido. La encuentra como petrificada en el baño, los ojos fijos° en el   fixed
25 suelo. Cuando el señor Bermúdez ve lo que ella
está mirando, él también se queda horrorizado. Ninguno de los dos puede recuperarse en vista de la

catástrofe—cancelan el banquete y se quedan en casa tratando de confortarse.

* * *

30   ¿Cómo se pueden explicar estos misterios? Es muy sencillo. La señora Baker se dio *realized* cuenta que ese viernes era el 13.[1] Cuando el señor alto y distinguido se volvió, vio que había pasado por debajo de una escalera.° Y a la señora Bermúdez se le ha- 35 bía roto un espejo. Es evidente que todas estas personas eran víctimas de la superstición.

    Pero ¿qué es la superstición? ¿Cómo empezó? La superstición ha existido desde tiempos muy anti- guos. Junto con el folklor, representa la reacción 40 del hombre frente a° lo que no comprende, y forma la base de muchas ceremonias y costumbres conser- vadas hasta ahora. Por ejemplo, escondemos los bostezos° con la mano ... pero sin saber que en otros tiempos se hacía eso para evitar la entrada de 45 « espíritus malos » por la boca abierta. Tampoco

por ... under a ladder

frente ... in the face of

bostezos° yawns

pensamos en las muchas supersticiones que exis-
tían con respecto al estornudo,° como la creencia° sneeze / belief
que el alma° salía del cuerpo cuando uno estor- soul
nudaba—¡pero seguimos diciendo « Salud », o
50 « *Bless you* » o « *Gesundheit* »!

Además de las supersticiones que todavía nos
afectan de una manera u otra, hay muchas que ya
son cosa del pasado. Vamos a conocer algunas de
ellas:
55   —Las personas nacidas en enero podían ver fan-
     tasmas.° ghosts
  —Si Ud. se bañaba o se cambiaba de ropa entre
     la Navidad y el Año Nuevo, iba a tener mala
     suerte.
60   —Una chica que tenía ganas de casarse debía
     darle de comer al gato° en su zapato. darle . . . feed the cat
  —Para tener buena suerte, había que llevar la
     pata trasera izquierda de un conejo° muerto de pata . . . left hind foot of a
rabbit
     un tiro° en un cementerio por la noche. muerto . . . killed by a gunshot
65 Claro que no todas las supersticiones del pasado
eran tan divertidas como éstas; por ejemplo, muchas personas murieron acusadas de brujería.° Me- witchcraft
nos mal° que el hombre moderno ha empezado a Menos . . . It's a good thing
librarse de la superstición, gracias a las ciencias fí-
70 sicas y sociales y a una teología más sofisticada.

Sí, poco a poco vamos dejando atrás la época de
la superstición. Sin embargo, casi todos tenemos
nuestras idiosincrasias que reflejan su influencia.
Se cuenta de un estudiante universitario que siem-
75 pre lleva la misma camisa a los exámenes finales,
porque salió muy bien° la primera vez que la llevó. salió . . . did very well
Otro estudiante no quiere examinarse en la sala de
clase Nº 364 porque un día escribió un examen ho-
rrible allí y lo suspendieron° en el curso. Y Ud., lo . . . they failed him
80 ¿no hace cosas similares de vez en cuando?

La superstición, como tantas otras cosas, es un
fenómeno del pasado que todavía tiene su influencia en el presente. ¿Cuándo va a desaparecer por
completo? Tal vez nunca—no lo sabemos. En todo
85 caso, amigo lector, ¡le deseamos muy buena suerte!

1. In the United States, Friday the 13th is traditionally considered a day of bad luck. In Spanish-speaking countries, the bad-luck day is <u>Tuesday</u> the 13th.

Try to be as flexible as possible when you read: remember that ideas are not always expressed in the same way in other languages as they are in English. Expressions that do not match word-for-word are called idioms: *de repente,* suddenly; *dejar caer,* to drop; *dar de comer,* to feed; *menos mal,* it's a good thing. When you first encounter a new idiom in this book, it will usually be glossed. It is a good strategy to learn such expressions immediately so that you will recognize them the next time you see them.

actividades

A. ¿Comprende Ud.?

Check your understanding of the reading selection by unscrambling the following sentences and deciding whether each statement is true or false. If a statement is false, change it to make it true.

1. cree que / un día de buena suerte / la señora Baker / es / el día trece

2. muy supersticiosa / no es / el señor alto y distinguido / una persona

3. mala suerte / creen que / van a tener / los señores Bermúdez

4. la falta de conocimiento / la superstición / muchas veces / es / resultado de

5. solamente las personas supersticiosas / los bostezos / cubren / con la mano

6. consecuencias / han tenido / algunas veces / muy graves / las supersticiones

7. la misma camisa / otra / el estudiante / no tiene / lleva / porque

8. la vida / todavía / del hombre moderno / afecta / la superstición

B. ¿Es Ud. supersticioso?

How superstitious do you think you are? Perhaps this activity can help you find out.

Part I: Choose the sentence that you think best describes you.

> No soy nada supersticioso (-a).
> Soy un poco supersticioso (-a).
> Soy bastante supersticioso (-a).
> Soy muy supersticioso (-a).

Part II: Now respond to these self-description items and read the interpretation of your score. Using the numbers 0 through 5, indicate the extent to which each statement describes you (5 = "describes me very well"; 0 = "does not describe me at all").

___2___ 1. Me preocupo cuando veo un gato negro.

___4___ 2. Prefiero no pasar por debajo de las escaleras.

___0___ 3. Siempre llevo el mismo traje en la primera cita con una nueva persona.

___2___ 4. Leo mi horóscopo antes de planear algo importante.

___1___ 5. Llevo algo para buena suerte cuando tengo un examen difícil.

___5___ 6. Antes de cortar una torta de cumpleaños, pienso en un deseo y trato de apagar todas las candelas.

___0___ 7. Cuando me ocurre algo malo digo que he tenido mala suerte.

___5___ 8. Toco madera después de decir cosas como, « Yo nunca tengo accidentes ».

☐ TOTAL

Interpretaciones

28–40: Ud. es supersticioso al extremo. ¿También cree en Papá Noel?

14–27: Ud. es supersticioso, sí, pero sólo hasta cierto punto. No se preocupe—hay muchas personas como Ud.

0–13: Para Ud. la superstición casi no existe ... y, quizás, ¡tampoco la suerte!

Part III: Did you learn anything about yourself? Here are some questions to help you share your opinions with friends.

1. Según el resultado del cuestionario, ¿es Ud. más supersticioso de lo que pensaba? ¿menos? ¿lo mismo?

2. ¿Qué frases lo ayudaron más a pensar en lo que hace?

3. ¿Cree que el cuestionario revela la verdad sobre Ud.?

C. ¿Cuándo tiene Ud. miedo?

Superstitions often involve fear, but not all fears are superstitious. Using the numbers 0 to 2, indicate the extent to which you might feel afraid in the following situations. Then meet with some classmates and compare responses.

0 = No me molesta nada.
1 = Me pone un poco nervioso (-a).
2 = Me da mucho miedo.

_1_ 1. Ud. está en un vuelo transatlántico y dos de los cuatro motores se paran.

_1_ 2. Ud. está solo en casa y oye un ruido extraño en otra parte de la casa.

_2_ 3. Ud. está en una corrida de toros; el toro salta la barrera cerca de Ud.

_1_ 4. Ud. está solo en la oscuridad después de apagar la televisión; estaba mirando una película de horror.

_1_ 5. Ud. está en la parte más alta de un edificio, mirando hacia abajo.

_1_ 6. Ud. está conduciendo el coche de su familia y se da cuenta que va en dirección prohibida; en ese momento ve que un policía lo sigue.

_1_ 7. Ud. tiene que pronunciar un discurso ante un auditorio muy grande dentro de cinco minutos.

_2_ 8. Ud. está en la caja del supermercado mirando la cuenta; de repente se da cuenta que no tiene bastante dinero.

_1_ 9. Ud. ha estado en una competencia muy importante; van a anunciar los resultados dentro de pocos minutos.

_2_ 10. Ud. va al lugar donde cree que ha estacionado su coche, pero el coche no está allí.

D. Los días de fiesta

Before their bad luck, Mr. and Mrs. Bermúdez were celebrating a special day and wanted others to share it with them. You probably also invite others to join in as you celebrate special days; in fact, sometimes you may wish the whole world could celebrate with you! If you had the power to declare official national holidays, which of the following would you choose? Rank your choices in order of preference, including any other events you may wish to commemorate.

_____ El día en que Ud. recibió su mejor nota en español.

_____ El día en que su gata o perra se hizo madre.

_____ El día en que un equipo de su escuela ganó el campeonato.

_____ El día en que Ud. fue al dentista y no necesitó nada.

_____ El día en que lo aceptaron a Ud. en la universidad.

_____ El día en que Ud. recibió su licencia para conducir.

_____ El día en que Ud. recibió sus lentes de contacto.

_____ El día en que Ud. consiguió su primer empleo.

_____ ¿ _____ ?

E. Para tener buena suerte . . . .

The selection you read mentioned some very strange superstitions. Can you create some that will rival those mentioned? Working alone or with some classmates, complete these statements imaginatively:

Para tener buena suerte, uno debe . . . .
Si Ud. quiere . . . , debe . . . .
Si Ud. . . . , significa que . . . .

For example, you might say: *Si Ud. quiere las atenciones románticas de alguien, debe comer sardinas tres veces al día durante una semana.*
Or: *Si Ud. estornuda diez veces en diez minutos, significa que va a tener diez hijos.*

F. Un cuento de misterio

The second incident mentioned in the reading strongly resembles the beginning of a "ghost story." Alone or with classmates, create your own ghost story. Here are some words you may want to use:

noche sombría	tumba	víctima
niebla	misterioso	estado hipnótico
oscuridad	de repente	horror, horrorizado
lluvia	bruja	paralizado de miedo
luna	fantasma	pánico
cementerio	espíritu malo	peligro

Dígame

1. La lectura menciona las idiosincrasias de dos jóvenes. ¿Tiene Ud.—u otra persona que Ud. conoce—algunas costumbres idiosincrásicas?

    Describa Ud. algunas de ellas. ¿En qué situaciones se notan?

    ¿Son ejemplos de superstición o no? ¿Por qué piensa Ud. eso?

2. En el pasado, la superstición fue una reacción frecuente del hombre frente a lo que no comprendía. ¿Cuál es la reacción de Ud. frente a los siguientes misterios de la vida moderna?

    a. Muchos aviones y barcos se han perdido en una parte del Océano Atlántico que se llama «El Triángulo de las Bermudas».

    b. De vez en cuando alguien dice que ha visto un «objeto volador no identificado» (OVNI).

    c. Se dice que muchas personas tienen percepción extrasensorial: sueños del futuro, telepatía mental, contacto con los muertos.

    ¿Piensa Ud. que estos fenómenos existen de verdad, o que son simplemente productos de la imaginación? ¿Por qué?

    Si existen, ¿cómo podemos explicarlos?

    ¿Son supersticiosas las personas que creen en estos misterios? Explique Ud.

16

Una mujer moderna del siglo XVII

En nuestra edad de pensamiento° liberal y « moderna », existen muchos movimientos que piden la igualdad° de derechos. Entre estos movimientos se destaca° el de la emancipación de la mujer. Aunque este movimiento se considera nuevo, tiene algunos antecedentes históricos. Si buscamos entre los anales históricos podemos encontrar a muchas mujeres que han sobresalido° en todos los campos° de la actividad humana. Y dentro del mundo hispánico la mujer que sobresale como ninguna otra es la religiosa° y poetiza mexicana, Sor° Juana Inés de la Cruz (1648–1695).

thought

equality

se ... stands out

han ... have excelled
fields

member of a religious order / Sister

Sor Juana vivía en una época en que la mujer se dedicaba al trabajo de la casa y no se preocupaba por cosas intelectuales, sociales ni políticas. Pero Sor Juana, como las mujeres de hoy, se negó a° seguir las normas de su sociedad. Siendo una niña muy precoz,° pronto llegó a tener una fama extraordinaria por todas partes. Su inteligencia se hizo legendaria: aprendió a leer a los tres años y se dice que a los seis o siete quería asistir a la universidad vestida de hombre;[1] cuando tenía ocho años componía poesía y leía los libros de la biblioteca de su abuelo; aprendió latín en veinte lecciones. Y esto fue solamente el principio de su fama intelectual.

se ... refused

precocious, advanced for her age

En 1665, cuando tenía diecisiete años de edad, Sor Juana fue a vivir a la corte del virrey° en la Ciudad de México.[2] Ahí sirvió de dama° de la virreina° Marquesa de Mancera y fue muy celebrada tanto por su inteligencia como por su belleza física. Sin embargo, un año más tarde salió de la corte para entrar de monja° en el Convento de San José de las Carmelitas Descalzas.[3] A causa de las reglas severas de ese convento Sor Juana se enfermó y luego se trasladó° al Convento de San Jerónimo.

viceroy, representative of the King of Spain
lady-in-waiting
viceroy's wife

nun

se ... transferred

No se sabe exactamente cómo una mujer de las cualidades de Sor Juana pudo dejar la vida de esplendor de la corte para entrar en la vida austera

⁴⁰ de un convento. Sin embargo, sus biógrafos han
dado algunas posibles razones: tal vez la niña había sufrido un fracaso° amoroso y sentía la necesi-   failure
dad de retirarse del mundo; o, quizá descubrió que
era hija ilegítima, situación que, en la sociedad de
⁴⁵ la época, no le permitía contraer buen matrimo-
nio° ni llegar a una situación social satisfactoria.   contraer . . . to marry well
Una tercera razón—y la más probable—es que en-
tró en el convento porque esperaba encontrar ahí la
libertad intelectual.

⁵⁰   En todo caso, Sor Juana llegó a ser una religiosa
ejemplar° y tuvo responsabilidades importantes en   exemplary
el convento. Además, siguió estudiando y al
mismo tiempo escribía prosa y poesías. Su fama de
intelectual crecía y sus versos se leían en el
⁵⁵ Nuevo Mundo y en España. Tal vez su obra más
conocida es una carta llamada *Respuesta a Sor Filotea de la Cruz*. En esta obra defiende con una
lógica incomparable el derecho de la mujer a participar en actividades intelectuales, religiosas y cul-
⁶⁰ turales.

   La persona a quien Sor Juana dirigió su carta
—la llamada « Sor Filotea »—fue, en realidad, el
Obispo° de Puebla que le había escrito a ella con   Bishop
seudónimo° femenino.⁴ En su carta, el obispo había   pen name
⁶⁵ expresado el punto de vista de que una monja debía leer solamente la doctrina religiosa. También
dijo que Sor Juana debía pasar más tiempo en sus
responsabilidades religiosas que en la composición
de poesías. Aunque la respuesta de Sor Juana fue
⁷⁰ originalmente una reacción a esa carta del obispo,
es de tan alta calidad° que ha sido llamada « La   quality
Carta Magna de la libertad intelectual de las mujeres de América ».

   Al defenderse contra los juicios° del obispo, Sor   judgments
⁷⁵ Juana nota que el estudio no debe ser reservado
solamente a los hombres; insiste en que las personas de ambos sexos deben poder estudiar si tienen
la capacidad intelectual. Además, declara que se

necesitan mujeres preparadas para enseñar a las ni-
80 ñas, ya que éstas no podían estudiar bajo la dirección de hombres. Así pues, lo verdaderamente interesante de la *Respuesta a Sor Filotea de la Cruz* es
la actitud que adopta Sor Juana: es una actitud
muy similar a la de las mujeres de nuestra época
85 que van en busca de° la igualdad de derechos.

      en . . . in search of

    Por todos estos episodios de la vida de Sor Juana
se puede decir que ella es una mujer del siglo XX,
aunque vivió en el XVII. Pero Sor Juana Inés de la
Cruz no es la única persona que ha vivido antes de
90 su tiempo. En todas las épocas históricas han apare-
cido tales figuras. ¿Y no es cierto que dentro de
200 años algunas mujeres del siglo XX van a ser
consideradas como del siglo XXII?

Notas culturales y lingüísticas

1. Because women were not allowed to attend public classes, Sor Juana wanted to dress as a man in order to study at the university.

2. During the colonial period, Spain divided the New World into four *virreinatos,* or viceroyalties, in order to make it easier to govern the colonies. The executive officer of each viceroyalty was the *virrey,* or viceroy.

3. The Carmelites are a religious order founded at Mt. Carmel, Palestine, in the twelfth century. Considered to be one of the strictest orders, it counts among its members another famous woman writer, the Spanish nun Saint Teresa of Avila (1515–1582).

4. The bishop apparently thought his opinions would be better received by Sor Juana if she thought they came from a fellow nun; thus, he wrote under the name *Sor Filotea.* His letter was a reaction to an earlier letter of Sor Juana in which she had attacked the philosophical arguments of a certain Portuguese priest. The bishop expressed the opinion that Sor Juana should spend less time studying philosophy and writing poetry and more time reading Christian doctrine and carrying out her religious duties. The famous *Respuesta a Sor Filotea de la Cruz* was Sor Juana's answer.

Repeated reading of a paragraph will help you to guess the meanings of words that you might not have understood on the first reading. Furthermore, repeated reading of the selection will help you to learn new vocabulary. Many students find that this is more efficient—and more interesting—than writing out and rotely memorizing long lists of Spanish and English words.

actividades

A. ¿Comprende Ud.?

Check your understanding of the reading selection by answering the following questions.

1. ¿Cómo era la vida de la mujer durante la época de Sor Juana?
2. ¿Por qué fue considerada tan inteligente Sor Juana?
3. ¿Cómo pasó Sor Juana el año antes de entrar en el Convento de San José?
4. ¿Por qué decidió Sor Juana hacerse religiosa?
5. ¿Cuál es el tema de la *Respuesta a Sor Filotea de la Cruz*?
6. ¿Quién era « Sor Filotea de la Cruz »?
7. ¿Por qué es importante hoy la *Respuesta a Sor Filotea de la Cruz*?
8. En su carta, ¿qué dice Sor Juana sobre la educación?
9. ¿Por qué son de interés las ideas de Sor Juana para una persona de nuestros días?

B. Una personalidad de rebelión

Throughout her lifetime, Sor Juana showed a great deal of fortitude. She argued and fought for what she believed, and she seldom gave in. How about you? Indicate what your reactions might be to the following situations. Then meet with some classmates and compare your responses.

1. Cuando mis padres me dicen que no puedo ir al cine con mis amigos . . . .
   a. acepto lo que dicen sin discusión
   b. hago lo que quiero y acepto las consecuencias
   c. lo discutimos y llegamos a un acuerdo

2. Cuando mi profesor me da una tarea que considero demasiado larga . . . .
   a. no la hago
   b. hablo con el profesor para resolver el problema
   c. trato de hacerla sin hablar con él

3. Cuando quiero ir a una fiesta y mi novio (novia) quiere hacer otra cosa . . . .
   a. lo discutimos hasta encontrar algo que los dos queremos hacer juntos
   b. hago lo que él (ella) quiere
   c. voy sin él (ella)

4. Cuando me detiene un policía y me acusa de conducir demasiado rápido . . . .
   a. no digo nada
   b. trato de convencerle con calma que no conducía rápido
   c. decido no pagar la multa y voy ante un juez

5. Cuando compro algo en malas condiciones y el vendedor no quiere devolverme el dinero . . . .
   a. acepto mi mala suerte
   b. llevo al vendedor ante el juez
   c. acepto la mitad del precio

6. Cuando tengo una pelea con un amigo y él me manda una carta insultante . . . .
   a. me doy cuenta que mi amigo se siente mal y no digo nada
   b. contesto la carta con otra aun más insultante
   c. me doy cuenta que los dos estamos enojados y espero unos días para mencionar lo que pasó

C. ¿Quién lo dice?

In your reading about Sor Juana you discovered that she can be considered
one of the forerunners of what we now call the Feminist Movement. This
movement—like many other movements towards equality in our society—
has prompted us to become more aware of our own attitudes as well as those
of others. The three people described below are deliberate stereotypes of
certain personalities. After reading their personality descriptions, decide
which of them might have made each of the statements that follow.

Luciana Santamaría es una mujer de 25 años. Acaba de graduarse como abogada y ahora trabaja con otros tres abogados,
todos hombres. En su profesión, Luciana prefiere trabajar en
los casos de discriminación contra la mujer. Además, se considera muy afortunada de tener la oportunidad de trabajar con
tres hombres: cree que puede hacerles comprender la importancia de la mujer profesional en el mundo moderno.

Miguel Jaramillo tiene 29 años. Después de salir de la universidad, consiguió un buen puesto en una compañía grande.
Gana bastante dinero y lleva una vida buena de soltero. Pasa
muchas noches en clubs nocturnos o en discotecas y siempre
va de vacaciones a países extranjeros. Miguel quiere casarse
un día, pero, según él, la novia tiene que ser bella y buena
cocinera. Además, ella debe querer una familia grande y debe
creer que el lugar apropiado para cualquier mujer es la casa.

Ricardo Montañez, de 35 años de edad, se casó hace cuatro
años con una profesora de música. Él aprecia mucho los talentos de su esposa, pero dice que ella debe estar en casa con los
dos niños en vez de seguir su profesión. La señora Montañez
está de acuerdo; por eso ella no trabaja ahora. Sin embargo,
Ricardo piensa que ella puede—y debe—volver a su profesión
después de unos años.

1. La mujer no necesita una profesión porque siempre puede casarse y tener una familia.
2. Aunque los hombres y las mujeres son físicamente diferentes,
   no hay mucha diferencia en sus capacidades intelectuales.
3. La verdadera razón de ser de una mujer es la de servir al
   hombre.

4. A causa de la discriminación contra la mujer en el pasado, ahora la mujer debe recibir más puestos profesionales para recuperar lo que ha perdido antes.

5. Claro está que me gustan las mujeres bellas, pero la mujer ideal debe ser tan inteligente como bella.

6. Las mujeres tienen que enseñar a los hombres que ellas pueden funcionar en el mundo de los negocios.

7. Para mí la mujer que tiene intereses fuera de la casa es una esposa ideal. Uno siempre puede comunicarse con una mujer que no habla sólo de los niños y de los precios del supermercado.

8. La belleza física es seguramente la cualidad más importante de cualquier mujer.

9. La mujer debe recibir el mismo sueldo que el hombre si ella hace el mismo trabajo.

10. La contribución mayor de la mujer a la sociedad es la de producir niños.

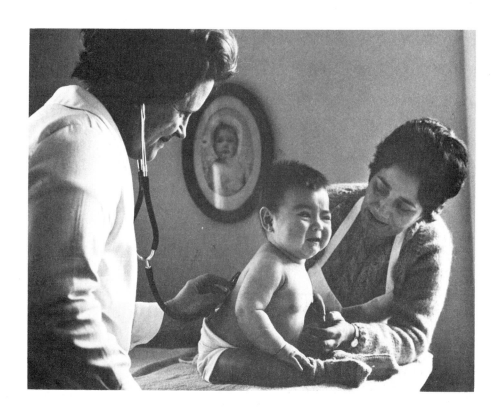

D. La fuerza de las convicciones

Because of her strong convictions, Sor Juana often stepped into unpleasant situations on behalf of those who needed help or who were being treated unfairly. Are people as willing to get involved today? Evaluate your own willingness to do so by indicating with the numbers 0 to 5 the extent to which you agree or disagree with the following statements (5 = maximum agreement). After completing the questionnaire, you might want to compare answers with some of your classmates. In which instances do you agree? In which ones do you disagree? Do you understand each other's point of view?

_____ 1. Si veo a unos niños grandes que están atormentando a otro niño más pequeño, ayudo al niño pequeño.

_____ 2. Si descubro que hay discriminación racial o religiosa en mi comunidad, hablo con mis vecinos contra esa práctica.

_____ 3. Si una compañía está tratando mal a sus empleados, no compro los productos de esa compañía.

_____ 4. Si nuestro gobierno está considerando legislación que yo considero injusta, escribo cartas a los senadores.

_____ 5. Si dos de mis buenos amigos tienen una diferencia de opinión, trato de ayudarlos a resolver su problema.

_____ 6. Si paso en frente de una tienda y veo que alguien la está robando, llamo a la policía.

E. Expresarse en poesía

Sor Juana was well known for her creative genius as a poetess. Did you know that you can also write good poetry? Try your skill following this simple formula:

Line 1: State your subject in one word.
Line 2: Describe the subject in two words.
Line 3: Describe an action about the subject in three words.
Line 4: Express an emotion about the subject in four words.
Line 5: Restate the subject in another single word, reflecting what you have already said.

Here are some examples:

León	*Lion*
Bestia furiosa	*Angry beast*
Matando, comiendo, viviendo	*Killing, eating, living*
Te cazan sin pensar	*They hunt you unthinking*
Rey	*King*

Novia	*Bride*
Muy hermosa	*Very beautiful*
Bailando, jugando, amando	*Dancing, playing, loving*
Yo no te merezco	*I don't deserve you*
Inocencia	*Innocence*

Dígame

1. Según las normas de nuestra sociedad, todos tenemos que seguir las reglas de ciertas autoridades. Piense Ud. en su propia situación.

   ¿Cuáles son las autoridades que influyen en su vida? ¿los padres? ¿la escuela? ¿las reglas de su comunidad?

   ¿Acepta Ud. siempre lo que dicen estas autoridades? ¿Cuándo? ¿Cuándo no lo acepta?

   ¿Cuáles son las situaciones en que uno no debe aceptar lo que dice una autoridad? ¿Están de acuerdo sus compañeros de clase?

2. ¿Implica la emancipación de un grupo de personas la opresión de otro grupo? Considere Ud. el Movimiento Feminista.

   ¿Cree que los hombres están en peores condiciones ahora a causa de la emancipación de la mujer? ¿Por qué sí o por qué no?

   ¿Cree que se necesita un « Movimiento de la Emancipación de los Hombres » similar al Movimiento Feminista? Explique Ud.

17

Riesgos° de la vida moderna

Risks

Las enfermedades cardiovasculares—llamadas « el mal del siglo »—son la causa principal de la muerte en el mundo de hoy. Provocan más muertes que el cáncer, los accidentes y las enfermedades
5 contagiosas.

Para tratar de comprender estas enfermedades y la amenaza° que traen al hombre, algunos investigadores han experimentado con los ratones. Puesto que°

threat

Puesto . . . Since

estos animales tienen un carácter similar al del
10 hombre, los investigadores, al observarlos, han po-
dido determinar la relación entre la tensión y la
enfermedad orgánica en los seres humanos.° seres . . . human beings

Algunos estudios experimentales han mostrado
la conexión entre el miedo y las dificultades en el
15 funcionamiento fisiológico.° En estos experimentos, funcionamiento . . .
physiological functioning
los ratones sufrieron un miedo continuo e intenso
que afectó negativamente el sistema nervioso. En
algunos casos la tensión psicosocial resultó en la
muerte.
20 En el hombre los efectos de la tensión no son tan
dramáticos. Sin embargo, cuando el hombre sufre
estas tensiones durante mucho tiempo, se provocan
en él efectos muy similares a los efectos produci-
dos en los animales: más actividad del sistema ner-
25 vioso y un aumento de la producción de adrenalina. Aunque el hombre no muere a causa de estos
aumentos, los resultados de la tensión psicosocial
son verdaderamente dañosos.

Una de las fuentes° de la tensión que sufre el sources
30 hombre de hoy es la naturaleza misma de la vida
moderna, sobre todo la vida urbana. En las grandes
ciudades el hombre tiene menos contactos personales e íntimos y, por eso, se aumentan el aisla-
miento y la enajenación.° aislamiento . . . isolation and
alienation
35 Los investigadores estudiaron este fenómeno en
un grupo de ratones criados° sin contacto social. Al raised
ponerlos juntos, no pudieron adaptarse a una vida
colectiva; se peleaban por la menor causa. En otro
estudio similar, los ratones vivían aislados unos de
40 otros; se encontraban en un lugar central sólo para
comer y beber. Los resultados, como se supone, fueron la tensión y la violencia. Tan fuertes eran los
efectos físicos en los ratones que una autopsia mos-
tró efectos negativos en el riñón,° el corazón y la kidneys
45 aorta. Así se determinó muy claramente la relación
entre la tensión causada por la vida moderna y las
enfermedades físicas.

Para mostrar con objetividad numérica esta rela-
ción, dos psiquiatras° americanos han estudiado los   psychiatrists
50 cambios que ocurren durante la vida. Como resul-
tado de sus estudios, han establecido la siguiente
escala.°   scale

ESCALA DE VALORES NUMÉRICOS

Valor	Acontecimiento°	
100	Muerte del esposo	
73	Divorcio	
63	Encarcelamiento°	Imprisonment
53	Enfermedad o herida personal	
50	Matrimonio	
47	Pérdida del empleo	
45	Jubilación°	Retirement
39	Llegada de un nuevo miembro de la familia	
38	Cambio de situación financiera	
36	Cambio del número de peleas con el esposo	
29	Dificultades con la familia del esposo	
28	Éxito° personal excepcional	Success
26	Comienzo o fin de los estudios	
20	Cambio de residencia	
20	Cambio de estudios	
19	Cambio de diversión favorita	
13	Vacaciones	
11	Infracciones menores de la ley	

(Event appears as gloss for Acontecimiento°)

75 En esta escala, cada número representa una me-
dida° de la tensión causada por el cambio. Es inte-   measure
resante notar que los valores que se refieren a cambios en la familia son casi el doble de los valores
de otros cambios. Por ejemplo, el divorcio vale 73
80 mientras un éxito personal sólo vale 28.

Numerosos estudios indican una íntima relación
entre los valores numéricos y la aparición° de enfer-   onset
medades. Vamos a suponer, por ejemplo, que una
persona (A) sufre la muerte del esposo y pierde el
85 empleo: valor total = 100 + 47 = 147. Otra persona (B) termina su educación y va de vacaciones:

valor total = 26 + 13 = 39. Según los estudios, la
probabilidad de contraer° una enfermedad física es   de ... of catching
mayor en A que en B. Así se muestra que en una
90 persona que sufre de mucha tensión se aumenta la
posibilidad de una enfermedad física.

En fin, parece que el remedio contra el « mal del
siglo » es, en realidad, el escape de los efectos dañosos de la vida moderna. Por eso, hay preguntas
95 de gran importancia que el hombre debe hacerse:
¿Cómo puedo evitar la tensión? Si no puedo evi-
tarla, ¿cómo puedo adaptarme?

Adaptación de un artículo de *Triunfo* (Madrid) por Dr. J. A. Valtueña

When you encounter a word with a familiar root but can't quite   **Guía para**
understand it, try to make use of what you know about the   **la lectura**
grammar of the sentence, as well as the meaning of the
root. For example, the third word of the phrase *en los seres
humanos* looks like a plural somehow related to the verb
ser, "to be." Because *seres* is sandwiched between *los* and
an adjective, however, *seres* has to be a noun. A noun
related to "to be" is "beings." Now the phrase makes
sense: "in human beings." Thus, simply using what you
already know about meanings and grammar can help you
solve many problems.

Combatiendo la tensión:
la terapia en grupo

actividades

A. ¿Comprende Ud.?

Part I: Check your understanding of the reading selection by unscrambling the following sentences. They are all true statements.

1. el cáncer / del corazón / causan / las enfermedades / más muertes que

2. muy similares / porque son / al hombre / con los ratones / se experimenta

3. puede tener / el sistema nervioso / sobre / una influencia / el miedo

4. más tensión que / causan / los otros cambios / los cambios familiares

5. la del campo / menos personal que / es / la vida urbana

6. y / la enfermedad física / hay / la tensión / una relación entre

7. la muerte / resultar en / la tensión / puede / en el ratón

Part II: Respond to the following questions.

1. ¿A qué se refiere la frase « el mal del siglo »? ¿Por qué se llama así?

2. ¿Cuál es un efecto de la tensión psicosocial en el hombre moderno? ¿en el ratón?

3. ¿Cuál es una causa de la tensión en el hombre?

4. En los experimentos, ¿cómo reaccionaron los ratones cuando los pusieron juntos?

B. Acontecimientos y personajes

Column A below describes specific events in the lives of famous people. Match these events with the appropriate category of events from Column B.

A	B
_____ El Presidente Franklin Roosevelt sufrió de poliomielitis en sus últimos años.	a. muerte del esposo
_____ Napoleón se casó con Josefina en 1796.	b. cambio de situación financiera
_____ Cervantes pasó varios años en la prisión.	c. encarcelamiento
_____ A Mamie Eisenhower se le murió el esposo en 1969.	d. matrimonio
_____ John D. Rockefeller nació pobre y llegó a ser millonario.	e. cambio de residencia
_____ Abraham Lincoln salió de Springfield, Illinois, para vivir en la Casa Blanca en Washington, D. C.	f. éxito personal
_____ Martin Luther King ganó el Premio Nobel en 1964.	g. enfermedad o herida personal

C. Análisis de la tensión

Read the following thumbnail sketches and then:
  a. Identify and record events that are possible sources of stress.
  b. Record the stress points for each event.
  c. Total each person's stress points to determine who has accumulated the most; the least.
Record your findings. Here is one way you might set up your tally sheet.

Nombre: _____

acontecimiento	puntos
Total	

Since not all students will find the same sources of stress, there is no one right answer. Therefore, you might compare your results with those of your classmates.

1. El año pasado, Víctor Márquez, un soltero de setenta años, se jubiló. Para descansar se fue de vacaciones a las montañas. Allí se encontró con una viejecita, Sara Sierra, y los dos se enamoraron. Dentro de muy poco tiempo, decidieron casarse. Después de la ceremonia, se compraron una casita nueva en el campo para gozar de los últimos años de jubilación.

2. Javier Salamanca es un arquitecto de veinticinco años de edad. El año pasado, Javier salió de la universidad con honores y unas semanas después de graduarse, empezó a trabajar con una compañía grande. Después de establecerse en su puesto, se casó con Elena Salcedo, hija de una familia importante. Javier y Elena acaban de saber que van a tener un niño; los dos están contentísimos.

3. Hace dos años que Jesús Morales juega al fútbol con el equipo universitario. Este año cuando regresó a la Universidad Nacional, que está muy lejos de su casa, los otros atletas del equipo lo nombraron capitán. Jesús estaba muy entusiasmado esperando el primer partido pero tuvo la mala suerte de romperse la pierna, y no pudo jugar.

D. Lo agradable y la tensión

Pleasant as well as unpleasant occurrences can cause tension. Decide what you would most like to do in each of the following pleasant situations. After deciding, you might compare and discuss your choices with some of your classmates.

1. He ganado $2.000 en la lotería. Ahora voy a . . . .
   a. viajar
   b. comprar más billetes de la lotería
   c. ponerlo todo en el banco
   d. esquiar en los montes
   e. dar el dinero a la Cruz Roja
   f. adoptar un niño
   h. ¿ _____ ?

2. Si puedo tener sólo un éxito personal en mi vida, prefiero . . . .
   a. recibir un premio literario
   b. ser un deportista excelente
   c. montar a caballo
   d. dar un concierto en Carnegie Hall
   e. descubrir un remedio para el cáncer
   f. aprender a hablar bien el español
   g. aprender a arreglar un coche
   h. ¿ _____ ?

3. Este año tengo tres semanas de vacaciones. Quiero . . . .
   a. ir al teatro todas las noches en Nueva York
   b. hacer *camping* muy lejos de la civilización
   c. nadar y tomar el sol en las playas del Mediterráneo
   d. ir de pesca
   e. visitar 20 países en 21 días
   f. trabajar en un *kibbutz* en Israel
   g. viajar por los Estados Unidos haciendo autostop
   h. ¿ _____ ?

E. En la oficina del psicólogo

A psychologist and his client are having their first session. The lines below are the beginning of their conversation. How would you continue it? Add as many lines as you need to create an interesting conversation.

PSICÓLOGO: Muy buenos días, señor _____ (señora _____).
CLIENTE: Buenos días, doctor.
PSICÓLOGO: ¿Cómo se encuentra usted hoy?
CLIENTE: Pues, doctor, tengo este problema: es que, este . . .
PSICÓLOGO: No tenga usted miedo. Cuénteme todo.

Dígame

1. Cuente un éxito personal suyo—cualquier cosa que le ha dado mucha satisfacción.

2. Hay ventajas y desventajas de vivir en cualquier sitio. En la ciudad, por ejemplo, hay actividades culturales y deportivas, pero también la vida diaria puede ser muy agitada. En el campo no hay, por lo general, las mismas actividades que en la ciudad, pero ahí la vida puede ser más tranquila.
   a. ¿Qué ventajas y desventajas de vivir encuentra Ud. en la ciudad y en el campo?
   b. ¿Dónde prefiere vivir? ¿Por qué?
   c. ¿La tensión puede existir en el campo tanto como en la ciudad? Explique Ud.

3. En su opinión, ¿cómo puede el hombre moderno escapar a los efectos dañosos de la tensión psicosocial?

18

Autos + Gente = Problemas

Enfrente de un teatro en la Ciudad de México, tres hombres están peleando porque todos quieren el mismo taxi. Por fin un hombre saca una pistola.

*　*　*

5　En la esquina de dos calles principales una viejecita espera temblando. Quiere cruzar la calle, pero tiene miedo de todos los coches que la amenazan.°   threaten

*　*　*

En otra calle dos conductores° están gritán-   drivers
10　dose palabrotas° porque ninguno de los dos   swear words
quiere ceder el paso.°   **ceder** . . . yield the right of way

*　*　*

Estos episodios simbolizan los problemas y peligros del transporte° que afectan tanto al conductor como al peatón.° Es que para sobrevivir° en la
15 Ciudad de México, uno necesita más que paciencia y voluntad.°

¿Cómo puede el peatón—la persona sin coche—resolver el problema de ir de un lugar a otro? Si no se atreve a abordar° uno de los autobuses o tran-
20 vías° sobrecargados° de pasajeros, no le queda más remedio que pararse en una esquina a pescar° un taxi. Esto puede ocurrir en cinco minutos o no ocurrir en una hora porque no hay bastantes taxis y porque los precios bajos dan a todo el mundo la
25 posibilidad de viajar en taxi. Así que « la pesca del taxi » se convierte en una competencia° de peatones que se observan desde las cuatro esquinas. En cuanto° se para un taxi, todos corren como galgos° a tomarlo.
30 En resumen, para ser peatón y feliz, hay que tener cualidades especiales. Para pescar un taxi, se necesita mucha paciencia. Para tolerar las incomodidades° del transporte público, se necesita una resignación cristiana. Y sobre todo—como en el caso
35 de la viejecita—se requieren habilidades sobrehumanas° para eludir° los vehículos. La persona que sale con vida de una plaza[1] como la de la Independencia—donde convergen 5 ó 6 calles principales—puede considerarse consagrado como ciuda-
40 dano-torero.° Allí, el peatón corre más o menos el mismo peligro que los jóvenes de Pamplona durante los famosos encierros de toros° en las fiestas de San Fermín.[2]

Ya se ve que los problemas del peatón son se-
45 rios, pero no son peores que los del conductor. La mayor consideración para él es abrirse paso° sin chocar con otro coche o atropellar° a un peatón. Esto se hace con habilidad y bocina.° Sin embargo, a veces no es posible evitar un accidente, y es en-
50 tonces cuando se presentan los problemas más co-

transportation
pedestrian / survive

will, resolve

no . . . doesn't dare get on
streetcars / overloaded
to catch (*lit.*, to fish)

contest

En . . . As soon as
greyhounds

inconveniences

habilidades . . . superhuman
  abilities / elude, avoid

consagrado . . . consecrated as
  citizen-bullfighter

encierros . . . running of the
  bulls

abrirse . . . to get through
running over (*lit.*, to run over)
horn

munes. El primero—en caso de un choque ~~collision~~ —es resolver sin demasiada violencia los conflictos con el otro conductor. El segundo problema—si el conductor tiene la mala suerte de atropellar a un peatón— es eludir los testimonios de la víctima. Y el tercero es—en caso de cualquier accidente o infracción— evitar una visita a la comisaría.° Bien. Pero éstos son solamente los problemas. ¿Cuáles son las soluciones?

El primer problema se puede resolver fácilmente si no se presenta la policía. Sin policía los rivales discuten y se dicen palabrotas, pero por lo general llegan a un acuerdo prudente—es decir, la discusión casi nunca resulta en daño físico para ninguno de los rivales . . . aunque a veces alguien saca una pistola.

El segundo problema, el de eludir los testimonios de la víctima, también tiene una solución expedita,° aunque no muy deseable. Considere Ud. lo siguiente. Se cuenta de una conversación entre el abogado de una compañía de autobuses y los choferes de esa compañía:

—Uds. deben asegurarse de que el atropellado está muerto. Si lo dejan simplemente herido, puede ser peligroso para los intereses de la compañía.

—Y si no está muerto, ¿qué . . .?

—Pues, entonces se le da una « pasadita », o planchada° para estar seguro . . . Sin duda esta solución es muy exagerada, pero de todos modos revela el deseo de algunos conductores de frenar el aumento de la población.°

Tampoco es difícil resolver el tercer problema, el de evitar una visita a la comisaría para hablar con el juez.° Claro está que las personas que ya tuvieron una experiencia con la comisaría no quieren tener otra. Por eso, cuando llega el policía, se le ofrece una pequeña cantidad de dinero, llamada vulgarmente° una « mordida ».° Así, mostrando al

police station

quick

se . . . you run over him, or "iron him out"

frenar . . . to slow down the increase in population (*lit.*, frenar = to brake)

judge

popularly / bribe (*lit.*, bite)

policía la licencia de conductor con un billete de 50 pesos, seguro que uno no va a la comisaría.

Accidentes de tránsito, infracciones a las orde-
nanzas municipales y problemas entre peatones y
choferes son cosas que ocurren en todas las ciudades grandes del mundo. Tal vez la Ciudad de México parece ser un caso especial por la actitud fatalista de sus peatones y por la agresividad excesiva
de los conductores. Sin embargo, estas cosas se encuentran en muchas de las ciudades grandes del
mundo, y todos los habitantes de aquellas ciudades
tienen el mismo problema: ¿Cómo ir desde aquí hasta
allí y llegar sano y salvo?°

sano . . . safe and sound (*lit.,*
sound and safe)

Adaptación de un artículo de *Life en español* por Ramón Frausto

Notas culturales y lingüísticas

1. In many Spanish-speaking countries, it is common for a monument, statue, or fountain to be built in the middle of an intersection where many streets converge. Such an inter-section is usually referred to as a *plaza* and is often the scene of confusion: there may be traffic lights, an official directing traffic, both, or neither. In any case, there can be traffic congestion, especially if five or six streets come to-gether at the plaza and the cars wish to proceed in vary-ing directions. The word *plaza* also refers to the main square in the center of a town or city.

2. See Note 1, page 100.

Guía para la lectura

As you read, keep in mind that certain cue words and punctua-tion marks give you a clue about the kind of information that follows. Expressions such as *es decir* (that is to say) and *o sea* (that is) usually are followed by a paraphrase of the preceding information. Similarly, a dash or a colon is usually followed by information that develops, expands, or comments on the preceding information.

actividades

A. ¿Comprende Ud.?

Check your understanding of the reading selection by choosing the most accurate completion for each of the following statements.

1. Los tres episodios al principio indican que la selección va a ser . . . .
   a. un análisis humorístico
   b. una información objetiva
   c. un estudio serio y profundo

2. El problema más grande con respecto a los taxis en México es que . . . .
   a. cuestan mucho dinero
   b. muchas veces no es posible encontrar uno cuando se necesita
   c. siempre hay una competencia entre los taxistas

3. Para coger un taxi hay que . . . .
   a. correr tan rápido como un galgo
   b. llamar a la oficina central y esperar unos cinco minutos
   c. tener una cantidad astronómica de dinero

4. En la Ciudad de México la vida de un peatón es . . . .
   a. cómoda, porque el transporte público es muy bueno
   b. fácil, porque hay muchos vehículos
   c. difícil, porque uno necesita los talentos de un torero

5. El ciudadano-torero es una persona que . . . .
   a. mata toros con su coche en las plazas grandes
   b. acepta las incomodidades del transporte público con la resignación de un torero
   c. puede eludir los vehículos cuando cruza una calle principal

6. La primera cosa que un conductor tiene que hacer es . . . .
   a. conducir sin tener accidentes
   b. atropellar a un peatón
   c. desconectar su bocina

7. Si la policía no viene al lugar de un accidente, los dos conductores probablemente van a . . . .
   a. matarse a pistola
   b. llegar a un acuerdo con los testigos
   c. gritar mucho y resolver el problema

8. Según el abogado de la compañía de autobuses, el conductor debe volver a atropellar a su víctima en caso de accidente. El autor cuenta esto con . . . .
   a. toda seriedad
   b. un tono de tristeza
   c. una deliberada exageración

9. Después de causar un choque, si el conductor no quiere ir a la comisaría, debe . . . .
   a. mostrarle al policía su licencia de conductor
   b. decirle que no tiene tiempo para hablar con el juez
   c. pasarle al policía un regalito especial cuando le enseña sus documentos

10. Según este artículo, las características más notables de los ciudadanos de la Ciudad de México son . . . .
   a. las cosas que tienen en común con los habitantes de otras ciudades grandes
   b. su afición a los toros y su patriotismo como ciudadanos
   c. su disposición violenta que causa muchas muertes

B. ¿Conoce Ud. su auto?

Indicate whether each of the following statements is true or false. If a statement is false, make the necessary corrections.

1. Para indicar que Ud. va a doblar a la izquierda, hay que usar la bocina.

2. Se debe guardar el limpiaparabrisas en la guantera.

3. Uno mira en el cenicero para saber si la policía le sigue.

4. Se usan las placas para identificar los vehículos.

5. Para aumentar la velocidad, se usa el parachoques.

6. Para saber el número de millas que uno ha viajado, se debe mirar el embrague.

7. Uno va a la estación de servicio para llenar el radiador con gasolina.

8. Para parar el coche se aplica el freno.

9. Para doblar una esquina, se debe poner las dos manos en el tablero.

10. Cuando el auto se recalienta, se pone agua en el asiento.

el espejo — el volante — el asiento — la ventanilla — el baúl
el parabrisas
el limpiaparabrisas
la cubierta del motor
el faro
la placa — el parachoques — la llanta
el tanque

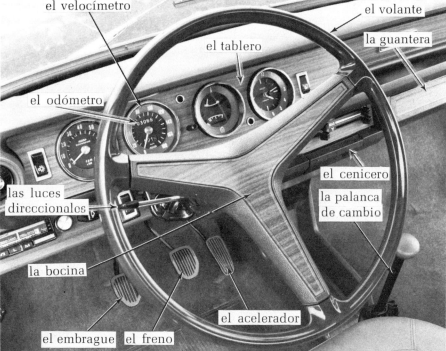

el velocímetro — el volante
el tablero — la guantera
el odómetro
el cenicero
la palanca de cambio
las luces direccionales
la bocina
el acelerador
el embrague — el freno

C. ¡Cómo manejan los otros!

People frequently complain about how others drive. Using items from each column, express some clichés about different types of drivers you have known or heard of.

Las mujeres
Los italianos
Las viejecitas
Los taxistas
Los jóvenes
Los padres
Los ingleses
Los policías
Los camioneros
Los hombres
Los conductores
   nuevos
Los ricos
Los corredores de
   automóviles
¿ ———— ?

no tienen sentido común
se especializan en el uso de la
   bocina
no saben en qué lado del camino
   deben conducir
tienen un talento tremendo para
   gritos y palabrotas
pasan más tiempo hablando que
   mirando el camino
piensan que son los mejores
   conductores del mundo
hablan de los reglamentos mejor
   que los practican
viajan a una velocidad supersónica
merecen más visitas a la comisaría
   que nadie
son unos verdaderos diablos detrás
   del volante
son expertos en causar choques
no deben tener licencia de
   conductor
deben conducir sólo los domingos
contribuyen más que nadie a la
   crisis de energía
¿ ———— ?

D. Problemitas

Assume that you were to find yourself in each of the following situations. What would you do? Resolve the situation in any way that seems appropriate to you. There may be many ways to resolve any one situation. For example:

Situation: El motor se está quemando.
Possible Responses: *Llamo a los bomberos.*
Le echo agua.
Salgo de mi coche y corro.
Me siento en la calle y lloro.
Llamo a mi papá.

1. El coche no funciona y Ud. tiene que comprar comida para la fiesta de esta noche.
2. Se le acaba la gasolina en el centro de la ciudad.
3. Cuando sale de la casa por la mañana, Ud. nota que tiene una llanta desinflada.
4. Ud. no puede entrar en el coche porque dejó las llaves dentro de él.
5. Ud. oye una sirena y ve que le sigue un policía.
6. Ud. ve a un joven haciendo autostop. El joven tiene muchas maletas.
7. Le acaban de llenar el tanque con gasolina y Ud. descubre que no lleva ni dinero ni tarjetas de crédito.
8. Ud. se acerca a una intersección; la luz está amarilla.

E. ¿Ángel o diablo?

Are you a demon or an angel behind the wheel? To find out, take the following test. Using the numbers 0 to 3, indicate how frequently you do or feel what the following statements suggest (0 = never, 1 = sometimes, 2 = usually, 3 = always). Then, read the interpretation of your score!

_____ 1. Cuando otro coche me niega la entrada, le grito palabrotas.

_____ 2. Cuando el coche delante de mí se para y no funciona de nuevo, toco la bocina.

_____ 3. Cuando un peatón cruza en contra de la luz, tengo ganas de atropellarlo.

_____ 4. Cuando los conductores doblan la esquina sin indicar, me entran ganas de estrangularlos.

_____ 5. Cuando un ciclista se pone delante de mí en una calle estrecha, toco la bocina para asustarlo.

_____ 6. Cuando alguien me quita el espacio donde deseo estacionar mi coche, tengo la tentación de desinflarle las llantas.

_____ 7. Cuando un coche me sigue muy de cerca, toco los frenos para asustarlo.

_____ 8. Cuando tengo prisa, siento la tentación de dar una « pasadita » a cualquier peatón.

_____ 9. Cuando un taxista me amenaza con la bocina, tengo ganas de robarle el taxímetro.

_____ 10. Cuando los camiones bloquean toda la carretera me dan ganas de dinamitarlos.

TOTAL

Interpretaciones

0–9: ¡Qué bueno es Ud.! Su corona es muy bonita, pero ¿no le molestan las alas cuando duerme?

10–19: ¿Ángel o diablo? ¡Quién sabe!
Depende del momento.

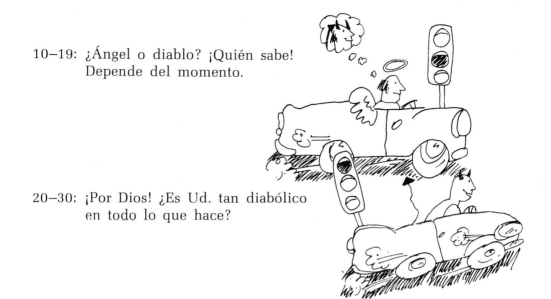

20–30: ¡Por Dios! ¿Es Ud. tan diabólico
en todo lo que hace?

F. Situaciones y soluciones

You can have a lot of fun imagining what might happen in situations like the following. With a classmate, pick one of them and create the conversation that might take place.

1. PERSONAJES: Una pareja de recién casados
   SITUACIÓN: Él quiere comprar un pequeño coche deportivo pero ella desea algo más práctico para la familia que van a tener.

2. PERSONAJES: Una viejecita
   Un policía
   SITUACIÓN: La viejecita acaba de parar todo el tráfico en el centro de la ciudad porque su gato se escapó por la ventanilla y ella lo busca. El policía trata de convencerla de mover su coche.

3. PERSONAJES: Una joven bonita y coqueta
   Un policía, también joven y guapo
   SITUACIÓN: El policía detiene a la mujer que iba a 70 millas por hora en una zona de 50.

4. PERSONAJES: Dos jugadores de fútbol
   Un policía
   SITUACIÓN: Los dos jugadores van por una calle en vía contraria. El policía los detiene.

Dígame

1. En muchas partes del mundo la gente depende en gran parte del transporte público. ¿Qué tipo de transporte público hay donde vive Ud.? ¿Cómo es? ¿Cuánto cuesta? ¿Usa Ud. el transporte público a veces? ¿Por qué sí o por qué no?

2. Tener su propio coche puede ser una cosa buena o mala, según las circunstancias y el punto de vista del individuo. En su opinión, ¿cuáles son las ventajes y desventajas de tener coche?

   ¿Qué puede uno hacer si tiene coche? ¿Qué no puede hacer si no lo tiene?

   ¿Es necesario tener coche hoy día en los Estados Unidos? ¿Por qué sí o por qué no?

   ¿En qué situaciones es un problema tener coche?

   ¿Cómo contribuyen los coches a los problemas del individuo en los Estados Unidos?

   ¿Cómo contribuyen a los problemas del país?

3. Se dice que cada coche es único, que tiene su propia personalidad. Piense en un coche de interés para Ud.—puede ser un coche que tiene ahora, que ha tenido o que quiere tener algún día. ¿Cómo es? ¿Tiene algunas características especiales? Explique Ud.

19

El secreto
de Brunequilda

Aunque su mujer tenía carácter pacífico y confiado,° don Serapio Cascarudo no pudo tolerar más
las idas y venidas° de ella. Tampoco pudo aguan-
tar° la sonrisa° de inocencia que ella le daba al lle-
5 gar a casa a las ocho de la noche. Y por último, no
pudo tolerar más la inocente manera en que la señora siempre contestaba a sus preguntas:

—¿Adónde has ido, querida?

—Pues, a ningún sitio en particular. Sólo fui a
10 dar un paseo, a estirar° un poco las piernas, ¿sa-
bes?

El señor Cascarudo pensaba que Brunequilda lo
engañaba° y que además lo tomaba por imbécil, burlándose de él° en forma intolerable. Como don Sera-
15 pio se ocupaba tanto en sus múltiples negocios,

trusting

idas . . . comings and goings
(*lit.,* goings and comings)
endure / smile

to stretch

was deceiving

burlándose . . . making fun of
him

contrató a un detective y le mandó seguirla. Era un
hombre bajito y rechoncho,° de aspecto bastante or-   chubby
dinario y vestido de verde.

 —Conviértase Ud. en la sombra de mi mujer—le
20 dijo el Sr. Cascarudo. —Sígala por todas partes y
descubra sus reuniones secretas. No importan nada
los gastos.°   expenditures, cost

 —¡Muy bien!—respondió brevemente el sa-
bueso,° frotándose las manos.°   bloodhound / frotándose . . .
                      rubbing his hands together
25 Dos semanas más tarde el detective fue a ver a
don Serapio a su oficina.

 —He seguido a su esposa por todas partes—le
informó—sin perderla de vista ni un sólo instante,
y lo único que he descubierto es que le gusta cami-
30 nar. Todas las tardes camina sus cinco kilómetros.

 —¿Sola?—preguntó don Serapio.

 —Completamente sola.

 —¿Está Ud. seguro?

 —Completamente seguro.

35 A pesar de° la impresión de confianza° que daba   A . . . In spite of / confidence
el hombrecillo vestido de verde, el señor Casca-
rudo no podía creer su informe.° Estaba seguro que   report
Brunequilda había engañado al detective de alguna
manera. Por eso contrató un equipo completo de
40 detectives británicos—que son los mejores del
mundo—para observar sus movimientos e investi-
gar su pasado con todo detalle.°   con . . . in great detail

 Un mes más tarde, el director del equipo británico fue a la oficina de don Serapio para infor-
45 marle sobre los resultados de la investigación.

 —El pasado de su señora es intachable.° Desde   spotless
que salió del convento hasta que se casó con Ud.,
jamás ha tenido un novio, ni siquiera la menor relación platónica.

50 El señor Cascarudo sintió un dolorcito de conciencia. En efecto, su mujer jamás había tenido novios ni había sido coqueta° en lo más mínimo. El   coquette, flirt
señor Cascarudo sintió que él mismo era un cana-
lla° por haber dudado de su purísima esposa—ese   mean, unworthy person

⁵⁵ ángel con vestido mini y abrigo midi—su angélica
Brunequilda.

Y sin embargo . . . y sin embargo . . . el recuerdo
de aquellos largos paseos volvió a causarle sospechas y celos.°

sospechas . . . suspicions and jealousy

⁶⁰ —Sí, pero mi mujer—dijo don Serapio—sigue
sus paseos por las tardes.

—Precisamente—dijo el detective británico, con-
sultando sus apuntes.° —Su mujer es muy aficio-
nada a salir a caminar por las tardes. Hace más de
⁶⁵ dos años que sale sin hablar jamás con nadie.

notes

Serapio Cascarudo dio un suspiro de alivio° y su
cara se iluminó de alegría.

suspiro . . . sigh of relief

—No obstante°—continuó el detective con calma
muy británica, clavando sus ojos° fríos en los de su
⁷⁰ cliente—debo informarle a Ud. que hace un mes
que se encuentra todas las tardes en el parque con
un hombrecillo bajito y rechoncho de aspecto bien
ordinario, que siempre va vestido de verde . . .

No . . . Nevertheless, However

clavando . . . staring, (*lit.,* **clavar**
= to nail)

Adaptación de una mini-comedia de *Hablemos Magazine* (México) por
Marco A. Almazán

When reading short stories like ''El secreto de Brunequilda,''
you may find the following strategies helpful. As early as
possible, try to develop an idea about what each character
is like. That will help you to anticipate what kinds of things
he or she might say or do later. Also, be sure that you
know which character is talking during a conversation. Remember that often a change of speaker is indicated only
by a dash.

You may ''trip'' occasionally when one of the characters says
or does something that doesn't seem to fit your understanding of the story. A frequent cause of such problems is that
the reader has given the wrong meaning to a pronoun or
has made the wrong person the subject of a verb. When that
happens, a good strategy is to go back to any verbs or
pronouns in the sentence (*que, quien, le, lo, la,* etc.) to
make certain that you have correctly identified the persons
to whom they refer.

**Guía para
la lectura**

actividades

A. ¿Comprende Ud.?

Basing your decision on the reading selection, decide whether each of the following statements is true or false.

1. A don Serapio no le molestaban mucho los paseos de su mujer.
2. Según don Serapio, Brunequilda era muy sincera al responder a sus preguntas.
3. El señor Cascarudo siguió a Brunequilda por todas partes.
4. El señor Cascarudo aceptó por completo el informe del primer detective.
5. Los detectives británicos investigaron el pasado de Brunequilda y descubrieron muchos secretos amorosos.
6. El señor Cascarudo se sintió mal por haber acusado falsamente a Brunequilda.
7. Hacía dos años que Brunequilda se encontraba con un hombre en el parque.

B. Uno es lo que hace

Considering their actions, how would you describe the characters in the reading selection? See how many of the adjectives listed below you can apply to don Serapio, Brunequilda, and *el detective vestido de verde*. Of course, you should be able to tell why each adjective is an accurate description. For example, you might say: *Brunequilda es angélica porque nunca hizo mal durante toda su vida.*

celoso	confiado	diligente
discreto	inocente	deshonesto
perceptivo	culpable	diabólico
engañador	angélico	sospechoso
honrado	virtuoso	desconfiado
	astuto	

C. ¿Confía Ud. en los demás?

Don Serapio was not very trusting of Brunequilda. How trusting are you? Evaluate the extent to which you trust other people by indicating how frequently the behaviors mentioned in the following items are or might be true of you (0 = never, 1 = sometimes, 2 = usually, 3 = always). You might want to compare answers with some of your classmates.

_____ 1. No cuento el cambio cuando compro algo.

_____ 2. Si tengo dinero y mis amigos lo necesitan, se lo presto.

_____ 3. No me preocupo cuando mi novio (novia) va a tomar café con una persona del sexo opuesto.

_____ 4. Si no puedo estar en casa cuando instalan mi teléfono, no cierro la puerta con llave.

_____ 5. Cuando un amigo necesita usar mi coche, se lo presto.

_____ 6. No miro el registrador de galones y precio cuando compro gasolina.

_____ 7. No cubro el papel en que escribo cuando hago un examen.

_____ 8. No cierro mi coche con llave.

_____ 9. Si tengo la luz verde, cruzo la calle sin mirar para ver si hay algún coche.

_____ 10. Si un amigo quiere vivir en mi apartamento cuando yo estoy de vacaciones, se lo permito.

_____ 11. Cuando estoy en una nueva ciudad y una persona desconocida me ofrece un *tour* especial de la ciudad, acepto dando las gracias.

_____ 12. Cuando un amigo que ya tiene diez de mis discos me pide otro, se lo presto.

_____ 13. Si hago un viaje de dieciséis horas con alguien que insiste en conducir todo el tiempo, duermo mucho sin preocuparme.

D. ¿Según quién?

In the reading selection, we hear only don Serapio's point of view, not Brunequilda's or the chubby detective's. How do you think they might have seen the events and circumstances of the story? What do they know that they did not tell? With a classmate, pick either Brunequilda or the detective and conduct an imaginary interview to get that person's point of view. The interviewer may want to use questions like those below.

Preguntas para Brunequilda:

1. ¿Por qué va Ud. de paseo por la tarde? ¿Adónde va?
2. ¿Siempre se pasea sola? ¿Por qué?
3. ¿Ha conocido a alguien durante sus paseos?
4. ¿Cómo interpreta la reacción celosa de su esposo?
5. ¿Cómo se lleva con su esposo? ¿Qué tipo de persona es él?

Preguntas para el detective:

1. ¿Cómo conoció Ud. a don Serapio?
2. ¿Por qué decidió aceptar el contrato?
3. ¿Qué opinión tiene de don Serapio?
4. ¿Conoció a Brunequilda antes de empezar la investigación? ¿después? ¿en qué circunstancia?
5. ¿Qué opinión tiene de ella?

E. Situaciones y soluciones

Situations like the following could happen to anyone. How would you handle them? Pick a situation and create with a classmate the conversation that might take place.

1. Ud. va a encontrarse con su esposo (su esposa) en el parque. Cuando llega, Ud. ve a una mujer (un hombre) que se va rápidamente de allí.
2. Ud. llega tarde a casa con el coche de sus padres. Ellos le preguntan por qué.
3. Su hermano le acusa de llevar su camisa nueva. Ud. no lo hizo.
4. Su novio (novia) cree que Ud. está saliendo con otra persona.
5. Ud. trabaja en una oficina y cree que su secretaria lee las cartas personales de Ud.
6. Ud. tiene un problema y necesita emplear un detective.

F. Ud. es Ellery Queen

Pretend that you are a mystery story writer and create a brief mystery to share with your classmates. The following list of characters, clues, places, and weapons will help you structure a plot. You might want to let your classmates solve the mystery.

Personajes	Claves	Lugares	Armas
un hombre vestido de negro	un guante	el jardín	un cuchillo
una mujer vestida de blanco	un diamante	la cocina	una pistola
un abogado	un piano	la sala	un candelabro
el señor Montenegro	una corbata	el dormitorio	una bomba
la señora Montenegro	un gato	un estudio	¿_____?
una secretaria	una llave	un edificio público	
una criada	una carta	un palacio	
¿_____?	¿_____?	¿_____?	

Dígame

1. Cuando uno lee un cuento, por lo general tiene ciertas reacciones con respecto a los personajes. ¿Qué piensa Ud. de los personajes de este cuento?

   ¿Cuál de los personajes es el más simpático: don Serapio, Brunequilda o el detective vestido de verde? ¿Por qué?

   ¿Cuál es el menos simpático? ¿Por qué?

   ¿Conoce Ud. a algunas personas como las del cuento? Descríbalas.

2. Mucha gente considera la confianza en otros como una de las cualidades más importantes de una persona. ¿Qué piensa Ud.?

   ¿Cuándo es necesario confiar en otros?

   ¿Hay circunstancias en que es mejor no confiar en nadie?

   ¿Cuáles son estas circunstancias? Explique Ud.

Vocabulario

This vocabulary contains all the words that appear in the text with the following exceptions: (1) identical cognates, (2) regular verb forms, (3) adverbs that end in **-mente**, and (4) common diminutives **(-ito, -ita)** and superlatives **(-ísimo, -isima)**.

Words beginning with **ch** and **ll** are found under separate headings, following the letters **c** and **l**, respectively. Similarly, words containing **ch**, **ll**, and **ñ** are placed alphabetically after words containing **c**, **l**, and **n**. For example, **coche** follows **cocina** and **año** follows **anuncio**.

If a verb has a stem change, such as **dormir—duerme**, **durmió**, the change is indicated in parentheses following the infinitive: **dormir (ue, u)**. Similarly, verbs that have spelling changes in certain forms, such as **conocer—conozco**, show the change in parentheses: **conocer (zc).**

Abbreviations

adj	adjective	*pp*	past participle
adv	adverb	*prep*	preposition
f	feminine (noun)	*pres*	present
imp	imperfect	*pret*	preterit
inf	infinitive	*pron*	pronoun
m	masculine (noun)	*sing*	singular
pl	plural		

A

a to; at; in; into; from; by

abajo below, underneath; down; hacia — downward

abierto, -a *pp of* abrir *& adj* opened; frank; open

abogado, -a *m & f* lawyer

abordar to get on

abrigo *m* coat; — midi midi-coat

abrir to open; — el grifo to turn on (*the gas, water, etc.*); —se paso to make one's way through (*traffic*)

abuela *f* grandmother

abuelo *m* grandfather

abundancia *f* abundance

abundante abundant

aburrido, -a bored; boring

aburrimiento *m* boredom

aburrir to bore

acabar to finish, end; — de + *inf* to have just + *pp*; —sele a uno to run out of

acariciar to caress

acaso perhaps

accidente *m* accident

acción *f* action

acelerador *m* accelerator

aceptar to accept

acercar(se) (qu) to approach

acompañar to accompany

aconsejable advisable

aconsejar to advise

acontecimiento *m* event, incident, occurrence

acordeón *m* accordion

acostar (ue) to put to bed; —se to go to bed

acostumbrar(se) to get used to

actitud *f* attitude

actividad *f* activity

activista *m & f* activist

activo, -a active

actriz (*pl* actrices) *f* actress

acuaplanismo *m* surfing; hacer — to go surfing

acuático, -a aquatic

acuerdo *m* agreement; estar de — to be in agreement

acumular to accumulate, store

acusar to accuse

acústico, -a acoustic

adaptación *f* adaptation

adaptar(se) to adapt (oneself)

además moreover, besides; — de besides, in addition to

adiós goodbye

administración *f* administration, management

administrador, -a *m & f* administrator, banker

admitir to admit

adónde where (to)

adoptar to adopt

adoración *f* adoration, worship

adorar to adore, worship

adrenalina *f* adrenaline

aeronauta *m & f* aeronaut, one who travels in an airship or balloon

aeronáutico, -a aeronautic

afectar to affect, have an effect on

afeitadora *f* shaver

afeitar to shave; máquina de — shaver; —se to shave oneself

afeminado, -a effeminate

afición *f* love; — a los toros love of bullfighting

aficionado, -a *m & f & adj* fan, amateur; fond (of)

afirmar to affirm, assert

afortunado, -a fortunate

agarrar to grab

agencia *f* agency

ágil agile, light

agitado, -a agitated

agosto *m* August

agradable pleasant, enjoyable

agresividad *f* aggressiveness

agricultor *m* farmer

agricultura *f* agriculture

agrónomo, -a *m & f* agronomist, agriculture specialist

agua *f* water

aguantar to put up with, endure

ahí there

ahora now; — bien now then

aire *m* air; al — libre in the open air, out of doors

aislado, -a isolated

aislamiento *m* isolation

ala *f* wing

alarma *m* alarm

alcanzar (c) to reach, catch up with

alegre happy

alegría *f* joy, merriment

algo *pron* something; *adv* somewhat

alguien someone, somebody

alguno, -a some, any; *pl* some; various; several; de alguna manera in some way, somehow

alivio *m* relief

alma *f* soul, spirit

almuerzo *m* lunch; mid-morning snack

alternativa *f* alternative, option

alto, -a tall; high

alumno, -a *m & f* student

allí there

amable nice, kind
amar to love
amarillo, -a yellow
ambicioso, -a ambitious
ambos, -as both
americano, -a *m & f & adj* American
amigo, -a *m & f* friend; — lector dear reader
amistoso, -a friendly
amoroso: un fracaso amoroso a failure in love
amplificación *f* amplification (*system*)
anales *m pl* annals, records
análisis *m* analysis
analítico, -a analytical
analizar (c) to analyze
andar to walk
angélico, -a angelic
angustia *f* anguish, misery
animación *f* animation
animador, -a *m & f & adj* entertainer; entertaining
aniversario *m* anniversary
ante in the presence of; before
antecedente *m* antecedent, ancestor
anteojos *m pl* eye glasses; — para el sol
  sunglasses
anterior previous, former
antes (de) before
antigüedad *f* antique
antiguo, -a old, ancient; former
anunciar to announce
anuncio *m* ad
año *m* year; el — que viene next year; a los . . .
  años at the age of . . . years; tener . . . años to
  be . . . years old
apagar to turn off, put out; —se to die out, go out (*a*
  flame, light)
aparato *m* aparatus; system
aparecer to appear, show up
aparición *f* appearance, onset
apartado *m* post-office box
apartamento *m* apartment
apellido *m* surname, family name
aplicar (qu) to apply, put on
apreciar to appreciate, value
aprender to learn
aprendizaje *m* apprenticeship
apretar to press, squeeze
apropiado, -a appropriate
apunte *m* memorandum, note
aquel, -la that (*over there*); *pl* those
aquí here
árabe *m & f & adj* Arab
árbol *m* tree
arco *m* bow (*of musical instrument*)
argentino, -a Argentinian
arma *f* weapon

armonía *f* harmony
arqueológico, -a archaeological
arquitecto *m* architect
arrancar(qu) to pull out, tear out
arreglar to repair, fix
arriba above; vecinos de — upstairs neighbors
arriesgar to risk
arroz *m* rice
arte *m & f* art; bellas artes fine arts
artículo *m* article
artista *m & f* artist
artístico, -a artistic
asado, -a roasted, roast
asegurar to assure
así thus; in this way; like this
asiento *m* chair, seat
asignatura *f* subject
asistir (a) to attend
asociación *f* association
asombrado, -a astonished
asombrar to astonish
asombro *m* astonishment; amazement
aspecto *m* aspect
astro *m* heavenly body
astronauta *m* astronaut
astronomía *f* astronomy
astronómico, -a astronomical
astuto, -a astute, cunning, sly
asustar to frighten; —se to be frightened
atacar (qu) to attack
ataque *m* attack
atención *f* attention; llamar la — to attract attention
atentamente attentively
aterrizar (c) to land
atleta *m* athlete
atmósfera *f* atmosphere
atormentar to torment
atracción: parque de atracciones amusement
  park
atractivo, -a attractive
atrapar to catch
atrás back; behind; para — back
atreverse (a) to dare
atropellado, -a *m & f* person who has been
  knocked down, run over
atropellar to knock down, run over
audición *f* hearing
audiología *f* audiology, science of hearing
auditorio *m* auditorium; audience
aumentar to increase
aumento *m* increase; growth
aun even
aún still
aunque although
ausente absent

ausentismo *m* absenteeism
austero, -a austere, harsh
auto *m* car
autobús *m* bus
automación *f* automation
automático, -a automatic
automóvil *m* car
autopsia *f* autopsy
autor *m* author
autoridad *f* authority
autorizar (c) to authorize
autostop: hacer autostop to hitchhike
avaricia *f* covetousness
aventura *f* adventure
avión *m* plane
ayer yesterday
ayuda *f* help; aid
ayudante *m* assistant
ayudar to help
ayuno *m* fast, abstinence
ayuno, -a fasting

B

bacteria *f* bacterium
bailar to dance
bailarín, -a *m & f* professional dancer
baile *m* dance
bajar to descend, go down, come down; to lower
bajo below; under
bajo, -a short; low
bambi *m* Bambi, young deer
banco *m* bank
banda *f* band
bandera *f* flag
banquero *m* banker
banquete *m* banquet
bañarse to take a bath
baño *m* bath; bathroom
barba *f* beard
barco *m* boat, ship
barquilla *f* little boat; passenger compartment (*of* balloon)
barrera *f* barrier, fence
basar to base
básico, -a basic
bastante rather; a great deal; enough
batería *f* battery; drum set
baúl *m* trunk
beber to drink
bebida *f* drink, beverage
béisbol *m* baseball
belleza *f* beauty
bello, -a beautiful

besar to kiss
bestia *f* beast
biblioteca *f* library
bicicleta *f* bicycle
bien well; very; **ahora —** now then; **pasarla —** to enjoy oneself, have a good time
billete *m* note, bank-note; ticket
biógrafo, -a *m & f* biographer
biología *f* biology
biológico, -a biological
blanco, -a white
blando, -a soft
bloquear to block
blusa *f* blouse
boca *f* mouth
bocadillo *m* sandwich
bocina *f* horn
boda *f* wedding
bohemio, -a Bohemian
bolígrafo *m* ball-point pen
bomba *f* bomb
bombero *m* fireman; **coche de bomberos** fire engine
bonito, -a pretty
bordo: a bordo de aboard
bosque *m* woods, forest
bostezo *m* yawn
bota *f* boot
botánico, -a botanical
botella *f* bottle
boxeo *m* boxing
brazo *m* arm
breve short
brillante brilliant
británico, -a British
broma *f* (practical) joke
bruja *f* witch
brujería *f* witchcraft
Bruselas: coles de Bruselas Brussels sprouts
brutalidad *f* brutality
bueno, -a good; *adv* well then, well now; all right
burlarse (de) to make fun of
busca: en busca de in search of, looking for
buscar (qu) to look for

C

caballo *m* horse; **a —** on horseback
cabello *m* hair
cada each, every
caer(se) to fall; **dejar —** to drop
café *m* coffee; coffee house, café
caída *f* fall, falling (out)
caído, -a fallen, dropped

caja *f* box, case
calcetín *m* sock
calefacción *f* heating
calendario *m* calendar
calidad *f* quality
caliente hot
calma *f* calm; con — calmly
calmante *m* sedative
calor *m* heat
caloría *f* calorie
calle *f* street
cama *f* bed
cámara *f* camera
camarero *m* waiter
camarón *m* prawn (*a shrimplike seafood*)
cambiar to change; — **de opinión** to change one's mind; —**se de casa** to change houses, move; —**se de ropa** to change clothes
cambio *m* change; **en —** on the other hand
caminar to walk
camino *m* road
camión *m* truck
camionero *m* truck driver
camisa *f* shirt
campeonato *m* championship
campesino, -a *m & f* farmer, peasant, country person
camping: **hacer camping** to go camping
campo *m* country, countryside, field; **casa de —** country house; — **deportivo** sports field
canalla *f* scoundrel; mean, unworthy person
cancelar to cancel
canción *f* song
candela *f* candle
candelabro *m* candelabra
candidato *m* candidate
canino, -a canine; **hambre canina** inordinate hunger, canine appetite
cansarse to become tired
cantante *m & f* professional singer
cantar to sing
cantidad *f* quantity
capacidad *f* capacity
capaz (*pl* **capaces**) capable
capital: **pecados capitales** deadly sins
capitán *m* captain
captar to capivtate; to collect
cara *f* face
carácter *m* character
característica *f* characteristic
cariñoso, -a affectionate
carmelita *m & f* Carmelite
carne *f* meat
carrera *f* race

carretera *f* highway
carta *f* letter; menu; card
cartel *m* sign; poster
casa *f* house; home
casado, -a married; **recién —** newlywed
casarse (con) to get married (to)
casco *m* helmet
casi almost
caso *m* case; **en todo —** at all events, in any case
caspa *f* dandruff
catarro *m* cold
catástrofe *f* catastrophe
católico, -a *m & f & adj* Catholic
catorce fourteen
causa *f* cause; **a — de** because of
causar to cause
caverna *f* cave, cavern
cazar (c) to hunt
ceder to yield, surrender
celebrar to celebrate
celebridad *f* celebrity
celeste celestial
celos *m pl* jealousy; **tener —** to be jealous
celoso, -a jealous
cementerio *m* cemetery
cena *f* supper, dinner
cenar to eat supper, dinner; — **fuerte** to eat a large, heavy supper
cenicero *m* ashtray
centímetro *m* centimeter
centro *m* center, middle; downtown
cepillo *m* brush
cera *f* wax
cerca nearby; — **de** near
cercano, -a near
cerdo *m* pig; pork
ceremonia *f* ceremony
cerilla *f* match
cero zero
cerrar (ie) to close; — **con llave** to lock
cerveza *f* beer
cesar to cease
ciclista *m & f* cyclist
cielo *m* sky; heaven
ciencia *f* science
científico, -a scientific
ciento one hundred; **por —** per cent
cierto, -a certain; **hasta — punto** to a certain extent, up to a certain point
ciervo *m* deer, stag
cifra *f* number
cinco five
cincuenta fifty
cine *m* movie(s); moviehouse

cintura f waist
cinturón m belt; seatbelt
circunstancia f circumstance
cita f appointment; date
citar to cite, quote
ciudad f city
ciudadano, -a m & f citizen
civilización f civilization
civilizado, -a civilized
clarinete m clarinet
claro, -a clear; adv clearly, of course; — que
   naturally; — está of course; ¡— que sí! of course!
clase f class, kind, type; sala de — classroom
clásico, -a classical
clavar to nail; to fix; — los ojos to stare
clave f key, clue
clérigo m clergyman
cliente m & f client, customer
cocina f kitchen; cookery
cocinar to cook
cocinero, -a m & f cook
cóctel m cocktail
coche m car; — de bomberos fire engine
coger (j) to catch; to get, take; to gore
cogida f goring, wound
cola f line (of people)
colectivo, -a collective
colegio m school
col: coles de Bruselas Brussels sprouts
colombiano, -a m & f & adj Colombian
colonia f cologne
columna f column
columnista m & f columnist
combate: aviones de combate fighter planes
combinación f combination
comentar to comment (on); to explain
comentario m commentary, comment
comenzar (ie) (c) to begin
comer to eat; dar de — a to feed; —se to eat up
comercial commercial
comercio m commerce; business; escuela de —
   business school
cometer to commit
cómico: historietas cómicas comics, comic strips
comida f food, meal; dinner
comienzo m beginning
comisaría f police station
como as, like, such as; — de costumbre as usual;
   ¿cómo? what? how? ¡cómo no! of course;
   tan(to) . . . como as . . . as
cómodo, -a comfortable
compañero, -a m & f companion, friend
compañía f company
comparación f comparison

comparar to compare
competencia f competition
competir (i, i) to compete
complejo m complex
complejo, -a complex, complicated
completar to complete
completo, -a complete, full; por — completely
complicado, -a complicated, complex
complicar (qu) to complicate; —se to become
   complicated
componer to compose, make up
comportarse to behave, act
composición f composition, composing
compra: hacer la compra to do the shopping;
   hacer compras to go shopping
comprar to buy
comprender to understand; to comprise, include
comprensión f understanding
común common; sentido — common sense
comunicación f communication
comunicar(se) (qu) to communicate
comunidad f community; desarrollo de la —
   community development
con with
conceder to concede; to grant; to give
conciencia f conscience
concierto m concert
concluir to conclude
condición f condition
conducir (zc) to drive; licencia de — driver's
   license
conductor m driver
conectar to connect
conejo m rabbit
conexión f connection
confiado, -a trusting, unsuspicious
confianza f confidence, trust; tener — en to trust
confiar to confide
confidente m & f confident, confidante
conflicto m conflict, struggle
confortar to comfort, console, cheer
congelar to freeze
conjunto m musical group
conocer (zc) to know, be acquainted with; to meet;
   —se (a sí mismo) to know oneself
conocido, -a (well) known
conocimiento m knowledge; perder — to lose
   consciousness
consagrado, -a consecrated
consciente conscious, aware
consecuencia f consequence
conseguir (i, i) to obtain, get
consejo m advice
conservación f conservation, preservation

conservador, -a conservative

conservar to conserve, preserve, keep; —se to keep

consideración f consideration

considerar to consider

consistir (en) to consist (of)

consomé m consomme, a clear soup

constituir (y) to constitute

construcción f construction

construir (y) to construct, build

consulta: la consulta del dentista the dentist's office

consultar to consult

contacto m contact; lentes de — contact lenses

contagioso, -a contagious, infectious

contar (ue) to count; to relate, tell

contemporáneo, -a contemporary

contento, -a happy, contented, pleased

contestar to answer

continuar to continue, go on

continuo, -a continuous

contra against; en — de against

contraer to contract; — enfermedad to contract, catch a disease; — matrimonio to marry

contrario: en vía contraria the wrong way

contratar to make a contract with; to hire

contrato m contract

contribución f contribution

contribuir (y) to contribute

controlar to control

convencer to convince

conveniente convenient

convento m convent

converger (j) to converge

conversación f conversation

conversar to converse, talk

convertir (ie, i) to convert, change; —se en to change into, become

convicción: la fuerza de las convicciones the strength of one's convictions

coordinación f coordination

coqueta coquettish; f coquette, flirt

corazón m heart

corbata f tie

cordero m lamb; — asado roasted lamb

corona f crown; halo

corporación f corporation

correcto, -a proper, correct

corredor m runner, salesman

correr to run

correspondencia: curso por correspondencia correspondence course

corrida f bullfight; — de toros bullfight

corriente f current

cortar to cut

corte f royal court

cortés courteous

corto, -a short, brief

cosa f thing, matter; la — es que the fact of the matter is that

cosmopolita cosmopolitan

costa f coast

costar (ue) to cost

coste m cost, expense

costumbre f custom

creación f creation

creador, -a m & f & adj creator; creative

crear to create

crecer (zc) to grow

crédito m credit; tarjeta de — credit card

creencia f belief

creer to believe, think; —se to consider oneself; — que sí to think so

crema f cream

criado, -a m & f servant; maid

criar to raise

crimen m crime

cristiano, -a Christian

crónico, -a chronic

cruz f cross; — Roja Red Cross

cruzar (c) to cross

cual: el cual who, which; ¿cuál? which (one)? what?

cualidad f quality; characteristic

cualquier(a) any; anyone at all

cuando when; de vez en — from time to time; ¿cuándo? when?

cuanto: en cuanto as soon as; ¿cuánto, -a? how much? ¿cuántos, -as? how many?

cuarenta forty

cuarto m room, bedroom; quarter, fourth

cuarto, -a fourth

cuatro four

cubierta f cover; — del motor hood (of a car)

cubierto, -a pp of cubrir & adj covered

cubrir to cover

cuchillo m knife

cuello m neck

cuenta f account; bill; darse — (de) to realize

cuento m short story

cuerda f cord, string; rope; — floja tight rope

cuerpo m body

cuestionario m questionnaire

culpable guilty

cultivar to cultivate

cultivo m cultivation

cultura f culture

cumpleaños m sing or pl birthday

cura *f* cure
curar to cure
curioso, -a curious; strange, unusual
curso *m* course; — por correspondencia
  correspondence course
curvo, -a curved, bent

CH

champú *m* shampoo
cheque *m* check
chica *f* girl
chico *m* boy
chimenea *f* chimney
chimpancé *m* chimpanzee
chino, -a Chinese
chocar (qu) to collide
chofer *m* driver; chauffeur
choque *m* collision
chuleta *f* chop
churro *m* French-fried strip of dough

D

dama *f* lady; noble or distinguished woman
danza *f* dance
dañar to harm, damage
daño *m* harm damage
dañoso, -a harmful
dar to give; — de comer to feed; — clases to hold
  classes, teach; — un paseo to take a walk; —
  miedo to frighten; —le ganas (de) to feel like;
  —se cuenta (de) to realize; ¿qué más da? so
  what?
de of; from; about, concerning
debajo under, beneath; — de under, beneath
deber to owe; to have to (*must, should, ought*)
débil *m & f & adj* weak person; weak
decente respectable; decent
decidir to decide
decir to say, tell; es — that is to say; querer — to
  mean
declarar to declare; to explain
dedicar (qu) to dedicate; —se (a) to dedicate,
  devote oneself (*to*)
dedo *m* finger
defender (ie) to defend
defensa *f* defense
degradante degrading
dejar to leave; to allow, let; — caer to drop; — de
  to stop, cease

delante before, in front; — de ahead of, in front of
delgado, -a thin
deliberado, -a deliberate, intentional
delicioso, -a delicious
demás: los (las) demás the rest; others
demasiado, -a too much; *adv* too; too much
dentífrico: pasta dentífrica toothpaste
dentista *m & f* dentist
dentro within, inside; — de within, inside of, in
departamento *m* department
depender (de) to depend (on)
deporte *m* sport
deportista *m & f* sportsman; sportswoman
deportivo, -a sporting, sports; campo — sports
  field
depresión *f* depression
derecha *f* right (*side or direction*); a la — to the
  right
derecho *m* right; tener — a to have the right to
desagradable disagreeable, unpleasant
desaparecer (zc) to disappear
desarrollo *m* development
desastre *m* disaster
desayunar(se) to have breakfast
desayuno *m* breakfast; tomar el — to eat breakfast
descalzo, -a barefoot
descansar to rest
descanso *m* rest
desconectar to disconnect
desconfiado, -a distrustful
desconocido, -a unknown
describir to describe
descripción *f* description
descubierto, -a *pp of* descubrir *& adj* discovered;
  uncovered
descubrir to discover
descubrimiento *m* discovery
desde from; since; — que since, ever since; —
  siempre always desde . . . hasta from . . . to
deseable desirable
desear to desire, wish, want
deseo *m* desire, wish
deshonesto, -a dishonest
desierto *m* desert
desierto, -a deserted
desinflado: una llanta desinflada at flat tire
desinflar to let the air out of (*tire, balloon, etc.*)
desorden *m* disorder
despertar(se) (ie) to wake up, awaken
después afterwards; later; then; — de after
destacarse (qu) to stand out
destruir (y) to destroy
desventaja *f* disadvantage
detalle *m* detail

detener(se) to stop
detergente *m* detergent
deteriorar(se) to deteriorate
determinación *f* determination
determinar(se) to determine
detrás (de) behind
devolver (ue) to return
devorar to devour
di *pret of* dar (I) gave
día *m* day; hoy (en) — nowadays; de — by day; al — siguiente (on) the following day; todos los días every day
diablo *m* devil
diabólico, -a diabolical, devilish
diálogo *m* dialogue
diamante *m* diamond
diario *m* diary; daily newspaper
diario, -a daily
dice *pres of* decir say(s), tell(s)
dicen *pres of* decir say, tell
diciembre *m* December
dieciséis sixteen
diecisiete seventeen
diente *m* tooth; lavarse los dientes to brush one's teeth
dieta *f* diet
dietético, -a dietetic
diez ten
diferencia *f* difference
diferente different; various
difícil difficult; hard
dificultad *f* difficulty, problem
digo *pres of* decir (I) say, tell
dijo *pret of* decir said, told
diligente diligent
dimos *pret of* dar (we) gave
dinámico, -a dynamic
dinamitar to dynamite
dinero *m* money
dio *pret of* dar gave
dios *m* god; Dios God; ¡por Dios! for Heaven's sake!
dirección *f* address; direction; cartel de — prohibida one-way street sign
direccional directional; luz — turn signal
directo, -a direct
dirigir (j) to direct
disciplina *f* discipline
discípulo, -a *m & f* disciple; follower; pupil
disco *m* record
discoteca *f* discotheque
discreto, -a discreet
discriminación *f* discrimination
discurso *m* speech; pronunciar un — to make, give a speech

discusión *f* discussion
discutir to argue; to discuss
disposición *f* disposition
distancia *f* distance
distinguido, -a distinguished
distinguir to distinguish; to discern; to see clearly (*at a distance*)
distinto, -a distinct, different
diversión *f* diversion, amusement, entertainment
divertido, -a amusing, entertaining
divertirse (ie, i) to have a good time, amuse oneself
divinidad *f* divinity
divorcio *m* divorce
doblar to turn
doble double
doce twelve
doctrina *f* doctrine
documento *m* document
dólar *m* dollar
doler (ue) to hurt, ache
dolor *m* pain; grief
doméstico, -a domestic; animal — domestic animal, pet
domesticador *m* trainer, tamer
domesticar (qu) to tame, domesticate
domicilio *m* residence
dominar to dominate; to rule
domingo *m* Sunday
don Don (*title of respect used before male names*)
donde where; ¿dónde? where? ¿adónde? where (*to*)
doña Doña (*title of respect used before female names*)
dormido, -a sleeping, asleep
dormir (ue, u) to sleep; —se to fall asleep; — la siesta to take a siesta, nap
dormitorio *m* bedroom
dos two
doy *pres of* dar (I) give
dramático, -a dramatic
duda *f* doubt; sin — doubtless, no doubt
dudar to doubt
dulce sweet; *m* sweet, candy
durante during; for
duro, -a hard, severe

E

ecología *f* ecology
economía *f* economics; — doméstica national economics
económico, -a economic

echar to throw, toss; — una siesta to take a siesta, nap
edad f age, era, time
edificio m building
educación f education
educar (qu) to educate, instruct
educativo, -a educational
efecto m effect; en — in fact
egipcio, -a m & f Egyptian
Egipto m Egypt
egoísmo m selfishness
egoísta selfish, self-centered
egotista egotistical
ejecutivo, -a executive
ejemplar exemplary
ejemplo m example; por — for example
ejercicio m exercise
el the; — que he who
él he
elaborado, -a elaborate
elección f election
eléctrico, -a electric, electrical
electrónico, -a electronic
elegante elegant, stylish
eliminación f elimination
eliminar to eliminate
elocuente eloquent
eludir to elude, avoid
ella she
ellos, -as they
emancipación f emancipation, liberation
embajador m ambassador
embargo: sin embargo nevertheless, however
emerger (j) to emerge
emoción f emotion
emocional emotional
emocionante exciting
empezar (ie) (c) to start, begin
empleado, -a m & f employee
emplear to use; to employ, hire
empleo m employment; business; use
en in; into; on; upon; at
enajenación f alienation
enamorarse (de) to fall in love (with)
encantar to delight
encarcelamiento m imprisonment
encender (ie) to light
encierro m running of the bulls
encontrar (ue) to find; —se to be; to be found; —se con to come across, meet
enemigo, -a m & f enemy
energía f energy; crisis de — energy crisis
enérgico, -a energetic
enero m January
enfermarse to become sick

enfermedad f illness, disease
enfermo, -a m & f & adj sick person; sick, ill
enfrente (de) opposite, in front (of)
engañador, -a deceiving
engañar to deceive
enojado, -a angry
enojar to anger
enorme enormous
ensalada f salad
enseñar to teach; to show
entender (ie) to understand
entero, -a entire, whole, complete
entonces then
cntrada f entry
entrar to enter, go in
entre between, among
entremés m appetizer; —es variados assorted appetizers
entrenar to train
entrevista f interview
entusiasmado, -a enthusiastic
entusiasta enthusiastic
envidia f envy
episodio m episode
época f epoch, age, time
equipo m team
equivaler to be equivalent
era imp of ser was
era f epoch, age, time
eran imp of ser were
eras imp of ser (you) were
es pres of ser is; are
escala f scale
escalar to climb
escalera f ladder
escándalo m scandal
escandinavo, -a Scandinavian
escapar(se) to escape
escoger (j) to choose
esconder(se) to hide
escribir to write
escrito, -a pp of escribir & adj written
escritor, -a m & f writer
escritura f writing, handwriting
escuchar to listen (to)
escuela f school; — primaria elementary school; — secundaria high school; — técnica technical school; — de comercio business school
escultura f sculpture
ese, -a that; pl those
ése, -a that one; pl those
eso that; that thing; that fact; a — de about; por — therefore, for that reason
espacio m space, room

España *f* Spain
español, -a *m & f & adj* Spaniard; Spanish
espárrago *m* asparagus
especial special
especialista *m & f* specialist
especializado, -a specialized
especializarse (c) to specialize; to major
específico, -a specific
espectador, -a *m & f* spectator
espejo *m* mirror
esperanza *f* hope
esperar to wait (for); to hope (for); to expect; — que
 sí to hope so
espíritu *m* spirit
esplendor *m* splendor
esposa *f* wife
esposo *m* husband
espuma *f* foam, lather
esquiar to ski
esquina *f* corner
esquizofrenia *f* schizophrenia
está *pres of* estar is; are
estable stable
establecer to establish; —se to establish or settle
 oneself
estación *f* season; station; — de servicio service
 station, gas station
estacionar to park
estadística *f* statistic
estado *m* state; condition
Estados Unidos United States
están *pres of* estar are
estandard *m* standard
estandarizar (c) to standardize
estar to be; to be present; to look, to taste; — de
 acuerdo (con) to agree (with); ¡claro está! of
 course!
este, -a this; *pl* these
éste, -a this (one); *pl* these
estereo *m* stereo
estilo *m* style
estimado, -a esteemed, dear
estirar to stretch
esto this; this thing; this matter
estómago *m* stomach
estornudar to sneeze
estornudo *m* sneeze
estoy *pres of* estar (I) am
estrangular to strangle
estrecho, -a narrow
estrella *f* star
estricto, -a strict
estudiante *m & f* student
estudiar to study

estudio *m* study
estudioso, -a studious
estufa *f* stove
estupidez *f* stupidity, stupidness
eterno, -a eternal
Europa *f* Europe
europeo, -a *m & f & adj* Europen
evidente evident, obvious
evitar to avoid
exacto, -a exact
exageración *f* exaggeration
exagerado, -a exaggerated
examen *m* examination
examinar to examine; —se to take an examination
excelente excellent
excepcional exceptional
excesivo, -a excessive
exceso *m* excess; en — excessively, in excess
exclamar to exclaim
excursión *f* excursion, tour, trip
excusa *f* excuse, pretext
exigir (j) to require; to demand
existir to exist
éxito *m* success
expedito, -a speedy, prompt, quick
experiencia *f* experience
experimentar to experiment; to experience
experimento *m* experiment
experto *m* expert
explicación *f* explanation
explicar (qu) to explain
expresar to express; —se to express oneself
expresión *f* expression
exquisito, -a exquisite, delicious, excellent
extranjero, -a *m & f & adj* foreigner; foreign
extraño, -a strange
extraordinario, -a extraordinary
extrasensorial: percepción extrasensorial
 extrasensory perception, ESP
extravagante extravagant
extremo *m* highest degree, extreme
extrovertido, -a *m & f & adj* extrovert

F

fábrica *f* factory
fácil easy
facilidad *f* ease; facility
falsamente falsely
falta *f* lack; absence
faltar to be lacking; —le a uno algo to be lacking
 something
fama *f* fame, reputation

familia *f* family
familiar (pertaining to the) family
famoso, -a famous, well-known
fantasma *m* ghost; phantom; apparition
fantástico, -a imaginary, unreal; fantastic
farmacia *f* pharmacy
faro *m* headlight
fatalista fatalistic
fatiga *f* fatigue
fatigar (gu) to fatigue, tire
favor *m* favor; estar a — de to be in favor of; por — please
favorito, -a favorite
fe *f* faith
feliz (*pl* felices) happy
feminino, -a feminine
feminista feminist
fenómeno *m* phenomenon
feo, -a ugly
fiesta *f* party; celebration; holiday
figura *f* figure
fijo, -a fixed
filete *m* fillet
filosofía *f* philosophy
fin *m* end; — de semana weekend; en — in short; por — finally
final *m* end; al — at last, at the end
financiero, -a financial
finca *f* farm
firmemente firmly
física *f* physics
físico, -a physical
fisiológico, -a physiological
flaco, -a thin
flamenco *m* type of Spanish music, dance
flan *m* baked custard
flauta *f* flute
flojo, -a lax, slack; la cuerda floja tightrope
folklor *m* folklore
folklórico: música folklórica folk music; cantante folklórico folk singer
forma *f* form, shape; way
formar to form; to constitute, make up
foto *f* photo; sacar una — to take a photograph
fotografía *f* photograph
fotográfico, -a photographic
fotógrafo *m* photographer
frac *m* tails (*formal attire*)
fracaso *m* failure; un — amoroso a failure in love
fragmento *m* fragment, small part
francés, -a *m & f & adj* French person; French
Francia *f* France
franco, -a frank, open, candid
frase *f* phrase; sentence

frecuencia *f* frequency; con — frequently
frecuente frequent
frenar to brake, stop
freno *m* brake
frente: frente a facing, in the face of, in front of; en frente de in front of; across from
fresco, -a fresh
frío *m* cold, coldness; hace — it's cold; tener — to be cold
frío, -a cold; indifferent, passionless
frotar to rub
frustrar to frustrate
fruta *f* fruit
fue *pret of* ir & ser went; was, were
fuego *m* fire
fuente *f* fountain; source
fuera outside; away; — de outside of, beyond
fueron *pret of* ir & ser went; were
fuerte strong; harsh; loud; heavy; un desayuno — a big breakfast; cenar — to eat a big dinner
fuerza *f* force; strength; la — de las convicciones the strength of one's convictions
fui *pret of* ir & ser (I) went; (I) was
fuimos *pret of* ir & ser (we) went; (we) were
fumar to smoke
funcionar to function; to work, run (*said of machines*)
funcionamiento *m* functioning
funerario, -a funeral
furioso, -a furious, angered, angry
fútbol *m* soccer; — (americano) football
futbolista *m* football player
futuro *m* future

G

gafas *f pl* glasses
galgo *m* greyhound
galón *m* gallon; registrador de galones meter (*on gas pump*)
gallo *m* cock, rooster; pelea de gallos cock fight
gana *f* desire, will; darle ganas a uno to feel like; tener ganas (de) to feel like
ganar to gain; to win; to earn
garantizar (c) to guarantee
gasolina *f* gasoline
gasto *m* expense
gato, -a *m & f* cat
generación *f* generation
general: por lo general generally
generar to generate
género *m* kind; type; genre, literary form
gente *f* people

geográficamente geographically

geometría *f* geometry

globo *m* globe; earth; sphere; balloon; — de aire caliente hot-air balloon

gloria *f* glory

gobierno *m* government

gordo, -a fat

gozar (c) (de) to enjoy

gracias *f pl* thank you

grado *m* degree; —s bajo cero degrees below zero

graduación *f* graduation

graduarse to graduate

grafología *f* graphology, handwriting analysis

grafólogo *m* graphologist, handwriting expert

grafoterapia *f* graphotherapy

gran(de) large, big; great

grandeza *f* greatness, grandeur

grasa *f* grease; fat; oil

graso, -a oily

gratis free, gratis, for nothing

gratitud *f* gratitude

grave serious, grave

griego, -a *m & f & adj* Greek

grifo *m* faucet; — del gas gas valve; abrir el — to turn on (*the gas, water, etc.*)

gritar to shout

grito *m* shout, cry

grupo *m* group

guante *m* glove

guantera *f* glove compartment

guapo, -a good-looking, handsome; pretty

guardar to keep

guerra *f* war

guía *f* guide; — para la lectura reading hint

guisante *m* pea

guitarra *f* guitar

gula *f* gluttony

gustar to like; to please; — más to prefer

gusto *m* pleasure; taste

H

ha *pres of* haber have, has

haber to have (*auxiliary*)

había there was, there were; — que it was necessary to

habilidad *f* ability, skill; talent

habitación *f* room

habitante *m & f* inhabitant

hablar to talk, speak

hace: hace + *time expression* + *pret* ago; hace + *time expression* + que + *pres* has . . . for . . .

hacer to make; to do; — acuaplanismo to go surfing — autostop to hitchhike; — camping to go camping; — la compra to shop — frío to be cold; — una pregunta to ask a question; — un safari to go on a safari; —se to become; —se amigos to make friends

hacia toward; — abajo down

hago *pres of* hacer (I) do; (I) make

hambre *f* hunger; tener — to be hungry

hamburguesa *f* hamburger

han *pres of* haber have

has *pres of* haber have

hasta until; — que until; desde . . . hasta from . . . to, until; — cierto punto up to a certain point, to a certain extent

hay there is, there are; — que + *inf* one must, it's necessary to

he *pres of* haber (I) have

hebreo, -a *m & f & adj* Hebrew

hecho *pp of* hacer done; made

hemisferio *m* hemisphere; Hemisferio Occidental Western Hemisphere

hemos *pres of* haber have

herida *f* wound; injury

herido, -a wounded; hurt

herir (ie, i) to wound; to hurt

hermana *f* sister

hermano *m* brother

hermoso, -a beautiful

hibernación *f* hibernation

higiene *f* hygiene; (health) care

hija *f* daughter

hijo *m* child; son

hipertensión *f* hypertension (*high blood pressure*)

hipnótico: estado hipnótico hypnotic state; trance

hispánico, -a Hispanic

Hispanoamérica *f* Spanish America

hispanoamericano, -a Spanish American

historia *f* history; story

histórico, -a historical; historic

historieta: historietas cómicas the comics, the funny pages

hola hi, hello

hombre *m* man; mankind; — de negocios businessman; — de mundo man of the world

hombrecillo *m* a little man

honrado, -a honorable, honest, just

hora *f* hour; time

horario *m* timetable; schedule

horóscopo *m* horoscope

horror *m* horror; ¡qué —! how horrible!

horrorizado, -a terrified

hoy today; — (en) día nowadays

humanidad *f* humanity; *pl* humanities, liberal arts

humanitario, -a humanitarian
humano, *m* human being
humano, -a human; **ser humano** human being
humo *m* smoke
humor *m* humor; mood; **de buen** — good-natured, in a good mood; **de mal** — ill-tempered, in a bad mood
humorístico, -a humorous

I

iba *imp of* ir was going, were going, used to go
íbamos *imp of* ir (we) were going, used to go
ida: **de ida y vuelta** round-trip; **idas y venidas** comings and goings
idealista idealistic
identificar (qu) to identify
idiosincrasia *f* idiosyncrasy, peculiarity
idiosincrásico, -a idiosyncratic
iglesia *f* church
ignorancia *f* ignorance
igual equal; the same
igualdad *f* equality
ilegítimo, -a illegal; illegitimate
ilógico, -a illogical
iluminar to illuminate, light up
imaginación *f* imagination
imaginar to imagine; —se to imagine, suppose
imaginativo, -a imaginative
imbécil imbecile
impaciente impatient
implicar (qu) to imply
importado, -a imported
importancia *f* importance
importante important
importar to be important; to matter
imposible impossible
impresión *f* impression
impresionar to impress; to make an impression
impulsivo, -a impulsive
inagotable inexhaustible
inclinación *f* slant
inclinarse to lean; to slant
incluir (y) to include
inclusive including
incomodidad *f* inconvenience, nuisance, annoyance
incontrolable uncontrollable
increíble incredible, unbelievable
independencia *f* independence
independiente independent
indicar (qu) to indicate, point out
indio, -a *m & f & adj* Indian

individuo *m* individual, person
inexplicable unexplainable
infantil infantile, childish
infeliz unhappy
infernal annoying, infernal
inflar to inflate
influencia *f* influence
influir (y) to influence
información *f* information
informar to inform
informe *m* report, statement
infracción *f* infraction, violation, misdemeanor
ingeniero *m* engineer; — aeronáutico aeronautical engineer
inglés, -a *m & f & adj* English person; English
injusto, -a unjust, unfair
inmediato, -a immediate
inmenso, -a immense
innecesario, -a unnecessary
inocencia *f* innocence
inocente innocent
insecto *m* insect
insistir (en) to insist (on)
insomnio *m* insomnia, sleeplessness
insonorización *f* soundproofing
insonorizar (c) to soundproof
inspiración *f* inspiration
inspirar to inspire
instalación *f* installation; plant, factory
instalar to install
instante *m* instant, moment
instituto *m* institute, school
instrucción *f* instruction
instrumento *m* instrument
insultante insulting
intachable spotless
intelectual intellectual
inteligencia *f* intelligence
inteligente intelligent
intención *f* intention
intenso, -a intense
interés *m* interest
interesante interesting
interesar(se) to interest
internacional international
interpretación *f* interpretation
interpretar to interpret
interrumpir to interrupt
intersección *f* intersection
intimidad *f* intimacy, close relationship
íntimo, -a intimate, close
introvertido, -a introverted
intuitivamente intuitively
inventar to invent

investigación *f* investigation
investigador, -a *m & f* investigator
investigar (gu) to investigate
invierno *m* winter
invitación *f* invitation
invitar to invite
involuntariamente involuntarily
inyección *f* injection
ir to go; — **a** + *inf* to be going to; — **de paseo** to go for a walk —**se** to go away; to leave; — **de compras** to go shopping
ira *f* anger, ire
irónicamente ironically
irresponsable irresponsible
isla *f* island
italiano, -a *m & f & adj* Italian
izquierda *f* left; **a la** — on the left
izquierdo, -a left

J

jabón *m* soap
jamás never, not ever
jamón *m* ham
japonés, -a *m & f & adj* Japanese
jardín *m* garden; — **zoológico** zoo
jefe *m* boss; — **del gobierno** head of government
Jehová Jehovah
jersey *m* sweater
jiujitsu jujitsu
joven *m & f & adj* young person; young
jubilación *f* retirement
jubilarse to retire
judía: judías verdes green beans
juego *m* game; sport; **Juegos Olímpicos** Olympic Games
jueves *m* Thursday
juez (*pl* jueces) *m & f* judge
jugador, -a *m & f* player
jugar (ue) (gu) to play (*a sport or game*); — **a las cartas** to play cards
juicio *m* judgment
julio *m* July
junto, -a joined, united; — **a** near to, close to; — **con** along with; —**s** together
justificar (qu) to justify
juventud *f* youth

K

kilo *m* kilogram (*2.2 lbs.*)
kilómetro *m* kilometer (*.62 miles*)

L

la the; her, you, it
labio *m* lip
laboratorio *m* laboratory
laca *f* hair spray
lado *m* side; **al otro** — on the other side
ladrón, -a *m & f* thief
lago *m* lake
lamentar to lament, mourn
lámpara *f* lamp
langosta *f* lobster
langostino *m* crayfish
largo, -a long; **de** — long; in length
las the; them, you
lástima *f* pity; — **que** (it's a) pity that; too bad that
latinoamericano *m & f & adj* Latin American
lavadora *f* washing machine
lavaplatos *m* dishwasher
lavar to wash; —**se los dientes** to brush one's teeth
le (to) him, her, it, you (*polite*)
leal loyal
lección *f* lesson
lector, -a *m & f* reader
lectura *f* reading; **guía para la** — reading hint
leer to read
legendario, -a legendary
legislación *f* legislation
lejos far; distant; — **de** far from
lengua *f* language
lenguaje *m* language
lentamente slowly
lente: lentes de contacto (blandas) (soft) contact lenses
león *m* lion
les (to) them, you
letra *f* letter
levantarse to get up
ley *f* law
liberación *f* liberation; — **femenina** women's lib
libertad *f* liberty
libra *f* pound (*unit of British currency*)
librarse to save oneself, free oneself
libre free; **tiempo** — free time; **al aire** — out-of-doors; **mercado al aire** — open-air market
libro *m* book
licencia *f* license; — **de** *or* **para conducir** driver's license
líder *m* leader
lidiar to fight
ligero, -a light (not heavy)
limitar to limit
límite *m* limit
limón *m* lemon

limonada *f* lemonade

limpio, -a clean

lindo, -a pretty

línea *f* figure; line; — de producción production line

lingüístico, -a linguistic, pertaining to language

listo, -a clever, smart; ready

literatura *f* literature

lo him, you, it; — de that business about; — mismo the same; — que what; — + *adj* the + *adj* + thing

local *m* place, site

loción *f* lotion

locomotora *f* locomotive

locura *f* madness

locutor, -a *m & f* (radio) announcer

lógica *f* logic; con — logically

lógico, -a logical

lomo *m* loin, back; — de cerdo pork loin

los the; them, you

lotería *f* lottery

lucha *f* fight, struggle

luego then; later

lugar *m* place

lujo *m* luxury

lujuria *f* lust

luna *f* moon

lunes *m* Monday

luz (*pl* luces) *f* light; — direccional turn signal

LL

llama *f* flame; — del piloto pilot light

llamada: una llamada telefónica a phone call

llamado, -a called, named

llamar to call; — la atención to attract attention; —se to be named, called

llanta *f* tire; — de repuesto spare tire; — desinflada flat tire

llave *f* key; piston; cerrar con — to lock

llegada *f* arrival

llegar (ue) to arrive; to reach; — a ser to become; — a un acuerdo to come to an agreement; — a + *inf* to succeed in

llenar to fill

lleno, -a full

llevar to carry; to take; to lead; to wear; to have spent (*so much time*); —se bien (con) to get along well (with)

llorar to cry

llover (ue) to rain

lluvia *f* rain

M

madera *f* wood; tocar — to knock on wood

madre *f* mother

maestro, -a *m & f* teacher; master

mal badly; ill; bad; *m* evil; menos — good thing; lucky

maleta *f* suitcase

malo, -a bad, evil; sick; lo malo the bad part

Mallorca Majorca (*island off the east coast of Spain*)

mamá *f* mother, mama, mom

mandar to send; to order

manejar to drive

manera *f* manner, way; — de vivir way of life, life style; de alguna — in some way, somehow

mano *f* hand; a — by hand; hecho a — hand-made

manuscrito *m* manuscript

mañana tomorrow; *f* morning

mapa *m* map

máquina *f* machine; — de afeitar shaver; escribir a — to type

mar *m* sea

maravilla *f* marvel, wonder

maravilloso, -a marvelous

marciano *m* Martian

marido *m* husband

marisco *m* seafood

marquesa *f* marquise (*a noblewoman*)

martes *m* Tuesday

marxista *m & f & adj* Marxist

marzo *m* March

más more; most; — bien rather; — o menos more or less; ¿qué — da? so what?

masaje *m* massage

mata *f* bush, shrub

matar to kill; —se to kill oneself; to kill each other

matemáticas *f pl* mathematics

materia *f* subject-matter

matrimonio *m* marriage; married couple

mayo *m* May

mayonesa *f* mayonnaise

mayor greater; larger; older; greatest; largest; oldest

mayoría *f* majority

me me; to me; myself

mecánica *f* mechanics

mecánico *m* mechanic

media *f* stocking

medianoche *f* midnight

medicina *f* medicine

médico, -a *m & f* doctor

medida *f* measure

medio *m* means; por — de by means of

medio, -a half
meditar to mediate
mediterráneo, -a Mediterranean
mejor better; best
mejorar to improve
mencionar to mention
menor younger; smaller; slightest; por la — causa at the slightest provocation
menos fewer, less; least; — mal good thing; lucky; más o — more or less; ni mucho — not by any means; por lo — at least
mente f mind
mercado m market; — al aire libre open-air market
merecer (zc) to deserve, merit
merienda f a light snack, eaten around 6 P.M.
mes f month
mesa f table
metálico, -a metallic
meter to put in; —se en to get into
metódicamente methodically
método m method
metro m meter (39.37 inches)
mexicano, -a m & f & adj Mexican
México m Mexico; la Ciudad de — Mexico City
mi my
mí me
miau m meow
microbio m microbe, germ
microbiología f micròbiology
midi: abrigo midi midi-coat
miedo m fear; tener — to be afraid
mil (pl miles) thousand
militar military
milla f mile; —s por hora miles per hour
millonario m millionaire
millón million; a millones by the millions
mini: vestido mini mini-dress
minifalda f mini-skirt
mínimo: no . . . en lo más mínimo not . . . at all; not . . . in the slightest
minuto m minute
mirar to look at
mismo, -a same, self, very; a sí — (to) oneself; lo — the same thing
misterio m mystery
misterioso, -a mysterious
mitad f half
mito m myth; — solar myth related to the sun
mitología f mythology
modelo m model
moderación f moderation
moderno, -a modern
modesto, -a modest
modo: de todos modos at any rate

mola f hand-appliqueéd, decorative textile (Panama)
molestar to bother
momento m moment
monja f nun
monotonía f monotony
monseñor Monsignor
montaña f mountain; escalar —s to go mountain climbing
montar to mount; — a caballo to mount, ride a horse
monte m mountain, mount
mordida f bribe
moreno, -a brunet, brunette
morir (ue, u) to die; —se de hambre to die of hunger, be starving
mostrar (ue) to show
motocicleta f motorcycle
motor m motor; engine; la cubierta del — hood (of a car)
mover(se) (ue) to move
movimiento m movement
muchacho, -a m & f boy; girl
mucho, -a much, a lot of; pl many; adv much, a great deal
muerte f death
muerto, -a pp of morir & adj dead; m & f dead person
mujer f woman; wife; emancipación de la — women's lib
multa f fine, penalty
multitud f multitude, crowd
mundial world; Serie Mundial World Series
mundo m world; hombre de — man of the world; todo el — everyone, everybody
Murcia city in southeastern Spain
museo m museum
música f music
músico, -a m & f musician
mutuo, -a mutual
muy very

N

nacer (zc) to be born; to originate
nacido, -a born
nacional national
nacionalidad f nationality
nada nothing; not anything; de — you're welcome; adv not at all
nadar to swim
nadie no one, nobody
naranja f orange
nativo, -a native

nato, -a born
naturaleza f nature
Navarra Navarre (region in northern Spain)
Navidad f Christmas
necesario, -a necessary
necesidad f necessity; por — out of necessity
necesitar to need
negar (ie) (gu) to deny; —se to refuse
negativo, -a negative
negocio m business; hombre de —s businessman
negro, -a m & f & adj black
nene, -a m & f infant, baby
nervioso, -a nervous
ni nor; ni . . . ni neither . . . nor
niebla f fog, mist
nieve f snow
ninguno, -a no, none, not any
niño, -a m & f child; pl children
nivel m level
no no; not
nocturno: club nocturno night club
noche f evening; night; esta — tonight
nombrar to name, appoint
nombre m name
nominar to nominate
nórdico, -a Nordic (of northern Europe)
norma f norm
norteamericano, -a m & f & adj American
nos us; to, for, from us; ourselves
nosotros, -as we
nostálgico, -a nostalgic
nota f grade; note
notar to notice, note
noticia f news
novela f novel; — policíaca mystery (novel)
novio, -a m & f fiancé(e); boyfriend; girlfriend
nuestro, -a our
Nueva York New York
nueve nine
nuevo, -a new; Año Nuevo New Year
numérico, -a numerical
número m number
numeroso, -a numerous
nunca never; not ever

O

o or; o . . . o either . . . or
obesidad f obesity
obispo m bishop
objetividad f objectivity
objetivo m objective, goal
objectivo, -a objective

objeto m object; — volador no identificado
  (OVNI) unidentified flying object (UFO)
obligación f obligation
obligatorio, -a required, obligatory
obra f work
observación f observation
observador, -a m & f observer
observar to observe, watch
obsesión f obsession
obsesionar to obsess
obstante: no obstante however, nevertheless
obtener to obtain, get
occidental: Hemisferio Occidental Western
  Hemisphere
océano m ocean
octavo, -a eighth
ocuparse to occupy oneself with
ocurrir to occur; to happen; to take place
ocho eight
odómetro m odometer (instrument that measures
  distance traveled)
ofender to offend
oferta f offer
oficial official
oficina f office
ofrecer (zc) to offer
oído m (inner) ear
oigo pres of oir (I) hear
oir to hear
ojo m eye; clavar los —s to stare
olímpico: Juegos Olímpicos Olympic Games
olor m fragrance, smell
olvidar to forget
once eleven
oponer(se) to oppose
oportunidad f opportunity
opresión f oppression
óptica f optics
optimista optimistic
opuesto, -a opposite
ordenanza f ordinance, law
ordinario, -a ordinary
orgánico, -a organic
organismo m organism
organización f organization
organizar (c) to organize
orgullo m pride; tener — to be proud
orgulloso, -a proud
origen m origin
oro m gold
orquesta f orchestra
oscuridad f darkness
otoño m autumn, fall
otro, -a another, other; otra vez again

OVNI (objeto volador no identificado) unidentified flying object (UFO)

oye *pres of* **oir** hear(s)

P

paciencia *f* patience

paciente patient *m* patient

pacífico, -a peaceful; **el Pacífico** the Pacific Ocean

pacto *m* pact, agreement

padre *m* father; priest; *pl* parents

paella *f* paella (*rice dish with chicken and seafoods*)

pagar (gu) to pay (for)

página *f* page

pago: día de pago pay day

país *m* country, nation

paisaje *m* landscape

palabra *f* word

palabrota *f* offensive word, swear word

palacio *m* palace

pálido, -a *pale*

Palma (de Mallorca) capital of Spanish island of Majorca

pamplonés, -a *m & f & adj* person from Pamplona, Spain

pan *m* bread

Panamá: Canal de Panamá Panama Canal

pánico *m* panic, fright

pantalón *or* **pantalones** *m* pants

papá *m* father, papa, dad

para for; in order to

paracaidismo *m* parachuting; — **deportivo,** — **de sport** skydiving

parachoques *m* (car) bumper

paraíso *m* paradise, heaven

paralizado, -a paralyzed

parar(se) to stop

parecer (zc) to seem, appear

pared *f* wall

pareja *f* pair, couple

parque *m* park; — **de atracciones** amusement park

parte *f* part; **por otra** — on the other hand; **por todas** —**s** everywhere

participar to participate

pasadita: dar una pasadita to run over

pasado *m* past

pasado, -a past; **el año pasado** last year

pasajero, -a *m & f* passenger

pasar to pass; to pass by; to happen; to spend (time); —**la bien** to have a good time; **¿Qué pasa?** What's going on? What's the matter?

pasatiempo *m* pastime, amusement

pasear(se) to take a walk; — **en bicicleta** to go bike riding; — **en trineo** to go sleighriding; to go sledding

paseo *m* walk; **ir de** —, **dar un** — to take a walk

paso *m* passage

pasta: pasta dentrífica toothpaste

pastel *m* pastry

pata *f* foot or leg (*of an animal*)

patinar to skate

patriotismo *m* patriotism

paz *f* peace

P. D. (post data) P. S.

peatón *m* pedestrian

pecado *m* sin; **los siete** —**s capitales** the seven deadly sins

pedir (i, i) to ask for, request; to order (*food*)

peinarse to comb one's hair

peine *m* comb

pelea *f* fight; quarrel; — **de gallos** cockfight

pelear to fight

película *f* film, movie

peligro *m* danger

peligroso, -a dangerous

pelo *m* hair

pensamiento *m* thought

pensar (ie) to think; — **de** to think of; — **en** to think about; — + *inf* to plan; to intend

pensativo, -a pensive, thoughtful

peor worse; worst

pequeño, -a small, little

percepción: percepción extrasensorial extra-sensory perception (ESP)

perceptivo, -a perceptive

perder (ie) to lose; to ruin; — **conocimiento** to lose consciousness

perdonar to pardon

pereza *f* laziness, idleness

perfumar to perfume

periódico *m* newspaper

periódico, -a periodic, periodical

periodista *m & f* journalist

permitir to permit, allow

pero but

perro, -a *m & f* dog

persona *f* person

personaje *m* character (*lit*); important person

personalidad *f* personality

pesar: a pesar de in spite of

pesca: ir de pesca to go fishing

pescado *m* fish

pescar (qu) to fish; — **un catarro** to catch a cold; — **un taxi** to find, catch a taxi

peseta *f* monetary unit of Spain

pesimista pessimistic

peso m monetary unit of several Spanish-American countries

petrificado, -a petrified

pianista m & f pianist

pie m foot; a — on foot, walking

piel f skin

pierna f leg

pijama m or f pyjamas

piloto m pilot

pintar to paint

pintor, -a m & f painter

pintoresco, -a picturesque

pintura f painting

pirata m pirate

piscina f swimming pool

pistola f pistol

pistón m valve (on trumpet)

pizarra f (black)board

placa f license plate

plancha: planchas acústicas acoustic tiles

planchar to iron

planear to plan

planeta f planet

planta f plant

plato m plate; dish

platónico, -a platonic; spiritual, idealized

playa f beach

plaza f square, plaza; — de toros bullring

población f population; town, city

pobre poor

pobreza f poverty

poco, -a little pl few, not many; poco a poco little by little; adv a little

poder (ue) to be able; can

poesía f poetry; poem

poeta m poet

poético, -a poetic

poetisa f poetess

policía m police officer; f police (force)

policíaco: novela policíaca mystery (novel)

politécnico, -a polytechnic, polytechnical

política f politics

político m politician

político, -a political

pollo m chicken

poner to put; to place; to turn on; —se to put on; —se + adj to become

pongo pres of poner (I) put (on)

popularidad f popularity

por for; by; through; around; on account of; for the sake of; per; — eso for that reason; that's why

porque because; m reason; ¿por qué? why?

posesión f possession

posibilidad f possibility, opportunity

posible possible

posición f position

postre m dessert

práctica f practice; —s de laboratorio lab sessions

practicar (qu) to practice

práctico, -a practical

precaución f precaution

precio m price

precisamente precisely

precoz (pl precoces) precocious, advanced in intellectual development

preferencia f preference

preferir (ie, i) to prefer

pregunta f question; hacer una — to ask a question

preguntar to ask

prehistórico, -a prehistoric

premio m prize

preocupación f preoccupation, worry

preocupar(se) to worry

preparación f preparation

preparar to prepare

preparativo m preparation

presentación: presentación personal personal appearance

presentar to present; to introduce; —se to present oneself; to offer one's services

presente present

presidente m president; chairman

prestar to loan; to provide

presumido, -a presumptuous, arrogant

pretencioso, -a pretentious

pretender to try

primario: escuela primaria elementary school

primavera f spring

primero, -a first

primitivo, -a primitive

principio m beginning; al — in the beginning, at first

prisa f haste; tener — to be in a hurry

prisión f prison

privilegio m privilege

probabilidad f probability

probar (ue) to try (out)

problema m problem

procesión f procession

proceso m process

producción f production; línea de — production line

producir (zc) to produce; to cause

producto m product

produjeron pret of producir produced

profesión *f* profession
profesional *m & f & adj* professional
profesor, -a teacher, professor
profundo, -a profound, deep
programa *m* program
progreso *m* progress
prohibido, -a prohibited, forbidden
promoción *f* promotion
pronto soon, quickly; de — suddenly
pronunciar to pronounce
propio, -a (one's) own
proporción *f* proportion
propósito *m* aim; purpose
prosa *f* prose
protección *f* protection
proteger (j) to protect
protesta *f* protest
provincia *f* province
provocar (qu) to provoke
próximo, -a next
proyectar to project
prudente prudent, cautious, wise
psicología *f* psychology
psicológico, -a psychological
psicólogo, -a *m & f* psychologist
psicosocial psycho-social
psiquiatra *m & f* psychiatrist
publicidad *f* advertising, publicity
público, -a public
pude *pret of* poder (I) was able to, succeeded in
pudieron *pret of* poder were able to, succeeded in
pudiste *pret of* poder (you) were able to, succeeded in
pudo *pret of* poder was able to, succeded in
pueblo *m* town, city; people (*of a region, nation, culture*)
puente *m* bridge
puerta *f* door
pues well; — bien now then
puesto *pp of* poner placed, put; — que because, since; *m* job, position
¡pum! bang!
punto *m* point; a — de on the verge of; about to; — de vista point of view; hasta cierto — to a certain point
puro, -a pure
pusieron *pret of* poner put
pusimos *pret of* poner (we) put

Q

que who; which; that; el — he who; lo — what; that which; más . . . que more . . . than; ¿qué? what? which? ¿qué más da? so what? ¿para qué? what for? for what purpose?

quedar(se) to remain, stay; no queda más remedio que nothing else can be done except
quemar to burn
querer (ie) to want, wish; to love; — decir to mean; — es poder where there's a will, there's a way
querido, -a dear; loved
queso *m* cheese
quien who, whom; ¿quién? who? whom? ¿de quién? whose?
quince fifteen
quisiera I would like
quitar to remove, take away; —se to take off
quizá(s) perhaps, maybe

R

Ra Egyptian sun god
radiación *f* radiation
radiador *m* radiator
radiofónico, -a radio, via radio
rapidez *f* speed, rapidity
rápido, -a fast, rapid; *adv* rapidly, quickly
rasgar(se) to split, lacerate
ratón *m* mouse
rayo *m* ray
raza *f* race; — humana human race
razón *f* reason
reacción *f* reaction
reaccionar to react
realidad *f* reality; en — actually, in fact
realista realistic
realmente actually, really
rebelión *f* rebellion, revolt
recalentarse (ie) to become overheated
recibir to receive
recoger (j) to gather (up), pick up
recomendar (ie) to recommend
reconocer (zc) to recognize; to acknowledge
recordar (ue) to remember; to recall
recreación *f* recreation
recreo *m* recreation, amusement
recuperar(se) to recuperate
recursos *m pl* resources
rechoncho, -a chubby
reducir (zc) to reduce
referir(se) (ie, i) to refer
reflejar to reflect
refrán *m* proverb, saying
refrigerador, -a *m & f* refrigerator
regalo *m* gift, present; — de Navidad Christmas present
regatear to bargain, haggle
regateo *m* bargaining, bartering
régimen *m* diet

registrador *m* register; — de galones meter (*on gas pump*)

registrar to register

regla *f* rule

reglamento *m* regulation, ordinance

regresar to return

regulación *f* regulation, rule

reinar to reign

relación *f* relation; relationship

relacionar to relate; —se to be related

relatar to relate, narrate, report

rolativamente relatively

religioso, -a *m & f & adj* member of a religious order; religious

reloj *m* watch; clock

remar to row

remedio *m* remedy, cure; no queda más — que nothing else can be done except

remordimiento *m* remorse, prick of consciousness

repente: de repente suddenly

repercusión *f* repercussion

representar to represent

república *f* republic

repuesto: llanta de repuesto spare tire

requerir (ie, i) to require

reservado, -a reserved, reticent

residencia *f* residence

resignación *f* resignation

resistir to resist

resolver (ue) to solve, resolve

respecto: con respecto a with respect to, with regard to

respetar to respect

respeto *m* respect

respirar to breathe

responder to answer, respond

responsabilidad *f* responsibility

responsable responsible

respuesta *f* answer, response

restablecer (zc) to re-establish

restaurante *m* restaurant

resto *m* rest, remainder

resucitar to revive

resultado *m* result, consequence

resultar to result; to be

resumen *m* summary; en — in short; summing up

resurrección *f* resurrection

retirarse to withdraw, retreat

retrato *m* portrait, picture

reunión *f* meeting

reunirse to get together, meet, assemble

revelar to reveal

revista *f* magazine

revolución *f* revolution

revolucionario, -a *m & f & adj* revolutionary

rey *m* king

rico, -a rich, wealthy; delicious; *m & f* rich person

riesgo *m* risk

riñón *m* kidney

río *m* river

ritmo *m* rhythm

rito *m* rite, ceremony

robar to steal, rob

rodear to surround

rojo, -a red; Cruz Roja Red Cross

romántico, -a romantic

romper(se) to break

ropa *f* clothes

rosado, -a rosy

rubio, -a blond, blonde

ruido *m* noise

ruina *f* ruin

ruso, -a *m & f & adj* Russian

ruta *f* route

rutina *f* routine

rutinario, -a routine

S

sábado *m* Saturday

saber to know; to know how, be able

sabor *m* taste, flavor; pleasure, zest

sabueso *m* bloodhound

sacar (qu) to take out, pull out; — fotos to take pictures

sacerdote *m* priest

sacrificio *m* sacrifice

sala *f* living room; room; — de clase classroom

salario *m* salary

salgo *pres of* salir (I) go out, leave

salir to go out; to leave; to come out; — bien to come out well; to receive a good grade

salmo *m* psalm

saltar to jump, leap

salud *f* health

salvación *f* salvation

salvavidas *m* lifeguard

sangre *f* blood

sano, -a healthy; sano y salvo safe and sound

santo, -a *m & f* saint; día del santo saint's day

sardina *f* sardine

sargento *m* sergeant

sátira *f* satire

satisfacción *f* satisfaction

saxófono *m* saxophone

se (to) him, her, it, you, them; yourself, himself, herself, oneself, yourselves, themselves; one sé *pres of* saber (I) know (how to)

sea: o sea that is to say

secadora *f* dryer; — de pelo hairdryer

seco, -a dry

secretariado: escuela de secretariado secretarial school

secretario, -a *m & f* secretary

secreto *m* secret

secreto, -a a secret

secundario: escuela secundaria high school

seguidor, -a *m & f* follower

seguir (i, i) to follow; to continue, go on

según according to

segundo, -a second

seguramente certainly, surely

seguro, -a sure, certain; seguro que sí sure, certainly

seis six

seiscientos, -as six hundred

selección *f* selection

seleccionar to select, choose

semana *f* week; fin de — weekend

semanal weekly

senador *m* senator

sencillo, -a simple, easy

sensible sensitive

sentarse (ie) to sit down

sentido *m* sense; — común common sense; — de aventura sense of adventure

sentimiento feeling, sentiment

sentir (ie, i) to feel; to regret; —se to feel

señor *m* Mr.; gentleman

señora *f* Mrs.; woman

señorita *f* Miss; young lady

separado, -a separated

ser to be; — humano human being; llegar a — to become

serie *f* series; Serie Mundial World Series

seriedad *f* seriousness

serio, -a serious

servicio *m* service; estación de — service station, gas station

servir (i, i) to serve; to be of use; — de to serve as

setenta seventy

seudónimo *m* pseudonym, pen name

severo, -a strict; severe

seviche *m* dish made of marinated fish

sexo *m* sex

si if; whether

sí yes; oneself, yourself, himself, herself, themselves; — mismo oneself, etc.

siempre always

siesta *f* siesta, nap

siete seven

siglo *m* century

significar (qu) to mean, signify

siguiente following, next

silla *f* chair

simbolizar (c) to symbolize

simpático, -a pleasant, nice

simplificado, -a simplified

simultáneo, -a simultaneous

sin without; — embargo however, nevertheless

sinceridad *f* sincerity

sincero, -a sincere

sino but

sinvergüenza *m* scoundrel

siquiera: ni siquiera not even

sirena *f* siren

sistema *m* system

sitio *m* place

situación *f* situation

situar to situate

soberbia *f* pride, arrogance

sobre on; above; about; — todo especially, above all

sobrecargado, -a overloaded

sobrehumano, -a superhuman

sobresalir to stand out

sobrevivir to survive

sociedad *f* society

sociología *f* sociology

sofisticado, -a sophisticated

sol *m* sun

solamente only

solar solar, of the sun

soldado *m* soldier

solitario, -a lonely

solo, -a alone

sólo only; just

solomillo *m* steak

soltero, -a single, unmarried; *m & f* unmarried person

solución *f* solution

sombra *f* shadow

sombrío, -a dark, gloomy, overcast

somos *pres of* ser (we) are

son *pres of* ser are

sonar (ue) to sound; to ring

sonido *m* sound

sonriente smiling

sonrisa *f* smile

sor Sister (*of a religious order*)

sordo, -a deaf

sorprender to surprise

sospecha *f* suspicion; jealous

sospechoso, -a suspicious, mistrustful

sostenimiento *m* maintenance; support

soy *pres of* ser (I) am
su your, his, her, its, their
suave smooth, soft
subir to go up; — a to get in
suceso *m* event, happening
sucio, -a dirty
Sudamérica *f* South America
sudar to perspire
sueldo *m* salary
suelo *m* floor; ground
sueño *m* dream
suerte *f* luck; tener — to be lucky
suéter *m* sweater
suficiente sufficient, enough
sufrir to suffer; to undergo
suizo, -a Swiss
supermercado *m* supermarket
supersónico, -a supersonic
superstición *f* superstition
supersticioso, -a superstitious
suponer to suppose, assume
sur *m* south
surafricano, -a South African
suspender to fail; to suspend
suspiro *m* sigh

T

tablero *m* dashboard
tal such (a); — vez perhaps; ¿Qué —? How are you?
talento *m* talent, ability
tamaño *m* size
también also, too
tampoco neither, not either
tan so; tan . . . como as . . . as
tanque *m* tank
tanto, -a so much; as much; — como as much as; — . . . como both . . . and; *pl* as many
tapón: tapones de cera wax ear plugs
tarde *f* afternoon; *adv* late; más — later
tarea *f* homework, assignment
tarjeta *f* card; — de crédito credit card
taximetro *m* taximeter
taxista *m & f* taxi driver
te you; to you; yourself
teatro *m* theater
tecla *f* key (*of a piano, accordion, etc.*)
técnico, -a technical
tecnología *f* technology
telefonear to telephone
telefónico: llamada telefónica phone call
teléfono *m* telephone
telepatía *f* telepathy

tema *m* topic, subject; theme
temblar (ie) to tremble
temperamento *m* temperament
temperatura *f* temperature
temprano early
tender (ie) to tend
tener (ie) to have; — . . . años to be . . . years old; — derecho (a) to have the right (to); — frío to be cold; — ganas (de) to feel like; — hambre to be hungry; — miedo to be afraid; — prisa to be in a hurry; — que to have to; — suerte to be lucky
tengo *pres of* tener (I) have
tenis *m* tennis; zapatos de — tennis shoes
tentación *f* temptation, caer en la — to fall into temptation
teología *f* theology
teoría *f* theory
tercero, -a third
terminar to finish, end
termómetro *m* thermometer
ternera *f* veal
testigo *m* witness
testimonio *m* testimony
tía *f* aunt
tiempo *m* time; weather; a — on time; al mismo — at the same time
tienda *f* store, shop; — de antigüedades antique shop
tierra *f* land; earth; ground
tímido, -a shy, timid
típico, -a typical
tipo *m* type, kind
tirar to throw; to shoot; — a la derecha to turn to the right; —se to throw oneself
tiro *m* shot; muerto de un — killed by a gunshot
título *m* title
tocadiscos *m* record player
tocar (qu) to touch; to play (*a musical instrument*); — la bocina to sound the horn; — madera to knock on wood
todavía still, yet; — no not yet
todo, -a all, every; everything; *pl* all; every; everyone; todo el mundo everyone; por todas partes everywhere; sobre todo especially, above all
tolerar to tolerate
tomar to take; to drink, to eat; — decisión to make a decision; — el sol to sunbathe
tono *m* tone
torero *m* bullfighter
toro *m* bull; corrida de —s bullfight
torta *f* cake
tortilla *f* omelette; — española Spanish potato omelette

tortuga *f* tortoise, turtle
tostar(se) (ue) to toast; to tan
totalmente completely, totally
trabajador, -a *m & f & adj* worker; hard-working
trabajar to work
trabajo *m* work
tradición *f* tradition
traducción *f* translation
traer to bring
tráfico *m* traffic
traigo *pres of* traer (I) bring
traje *m* suit
tranquilidad *f* quiet, tranquillity
tranquilizante *m* tranquilizer
tranquilo, -a calm, tranquil, peaceful
transatlántico, -a transatlantic
tránsito: accidentes de tránsito traffic accidents
transporte *m* transportation, transport
tranvía *m* streetcar, trolley
trasero, -a hind, rear, back
trasladar to move; —se to be moved
tratamiento *m* treatment
tratar (de) to try; to treat
travieso, -a mischievous
trece thirteen
treinta thirty
tremendo, -a tremendous
tren *m* train
trepidante loud, trembling
tres three
triángulo *m* triangle
tribunal *m* court of justice
trillón: a trillones by the jillions
trineo *m* sled, sleigh; pasear en — to go sleigh-riding; to go sledding
triste sad
tristeza *f* sad
triunfar (de) to triumph (over)
trombón *m* trombone
trompeta *f* trumpet
trompetista *m & f* trumpeter
trucha *f* trout
tumba *f* tomb
turismo *f* tourism
turista *m & f* tourist
turístico, -a tourist
tuve *pret of* tener (I) had
tuvieron *pret of* tener had
tuvo *pret of* tener had

U

único, -a only; unique
unido, -a joined, united

universidad *f* university
universitario, -a university
universo *m* universe
un(a) a, an
uno one
unos, -as some; about
urbano, -a urban
urgente urgent
usar to use; to wear
uso *m* use
usualmente usually
útil useful
utilidad *f* usefulness, utility
utilizar (c) to use, utilize
último, -a last, ultimate; por último lastly, finally

V

va *pres of* ir go, goes
vacación *f* vacation (*usually used in the plural*); de vacaciones on vacation
valentía *f* bravery, courage
valer to be worth
valiente brave, courageous
valor *m* value
valla *f* barrier, fence
valle *m* valley
vamos *pres of* ir (we) go
van *pres of* ir go
variado, -a varied
variedad *f* variety
varios, -as various; several
vas *pres of* ir go
vaya *imper of* ir go
vecino, -a *m & f* neighbor
vehículo *m* vehicle
veíamos *imp of* ver (we) saw, were seeing
veinte twenty
veinticinco twenty-five
veintidós twenty-two
velocidad *f* speed, velocity
velocímetro *m* speedometer
venda *f* bandage
vendedor, -a *m & f* salesperson
vender to sell
vengo *pres of* venir (I) come
venida: idas y venidas comings and goings
venir (ie) to come
ventaja *f* advantage
ventana *f* window
ventanilla *f* small window; car window
veo *pres of* ver(I) see
ver to see; to look at
verano *m* summer

verdad *f* truth; ¿**verdad?** right? isn't it? don't you? etc.; **de —** really

verdadero, -a true; real

verde green

verdura *f* green vegetable

verso *m* verse; line of poetry

vestido *m* dress; **— de noche** evening gown; **— mini** mini-dress

vestido, -a dressed; **— de** dressed in; dressed as

vez (*pl* **veces**) *f* time; occasion; **de — en cuando** from time to time; **en — de** instead of; **tal —** perhaps; **una —** once; **a veces** at times; **muchas veces** often

vía: **en vía contraria** the wrong way

viajar to travel

viaje *m* trip

vibrador, -a vibrator; **cinturón —** vibrator belt .

víctima *f* victim

vida *f* life

viejo, -a *m & f & adj* old person; old

viento *m* wind

viernes *m* Friday

vine *pret of* **venir** (I) came

vinieron *pret of* **venir,** came

vino *m* wine

violencia *f* violence

violento, -a violent

virreina *f* wife of a viceroy

virrey *m* viceroy

virtuoso, -a virtuous

visita *f* visit

visitar to visit

vista *f* view; sight; **punto de —** point of view

visto, -a *pp of* **ver** seen

vivir to live

vocalista *m & f* vocalist

volador: **objeto volador no identificado (OVNI)** unidentified flying object (UFO)

volante *m* steering wheel

volar (ue) to fly

volumen *m* volume

volver (ue) to return; **— a** + *inf* to . . . again; **—se** to become; to turn around

voy *pres of* **ir** (I) go

voz (*pl* **voces**) *f* voice

vuelo *m* flight

vuelta: **de ida y vuelta** round-trip

vuelto, -a *pp of* **volver** returned

Y

y and

ya now; already; **— no** no longer

Z

zapato *m* shoe; **—s de tenis** tennis shoes

zona *f* zone

zoológico: **jardín zoológico** zoo

ACKNOWLEDGMENTS

Permission to reprint and adapt the following selections in this volume is gratefully acknowledged.

"Un hombre de mundo," adapted from "Un mono domado," by permission of *Caretas: Ilustración peruana* (Lima).

"Un futuro por sólo $20.000,00," adapted from "Por $20.000 usted puede congelarse y resucitar después," by permission of *Vanidades* (Mexico).

"Pedi-Relax," adapted from an ad in *Triunfo* (Madrid) by permission of Sociedad Anónima de Farmacología General (Barcelona).

"Lentes de contacto blandas," adapted from an ad in *Triunfo*, by permission of MYB Publicidad (Barcelona).

"¿Se le cae el cabello?" and "Cinturón vibrador," adapted from ads in *Blanco y Negro* (Madrid), by permission of the publisher.

"Champú Geniol," adapted from an ad in *Triunfo*, by permission of Carvis Publicidad S. A. (Barcelona).

"Una revolución sin violencia," adapted from an article in the May 1975 *Selecciones del Reader's Digest*. Copyright 1975 The Reader's Digest Association, Inc. Reprinted with permission.

"Un aeronauta de nueve años," adapted from an article in *Gaceta Ilustrada* (Madrid), by permission of the publisher and Don Jesús González Green.

"¿Comer, o no comer?," adapted from portions of Fernando Díaz-Plaja, *Los siete pecados capitales en los Estados Unidos* and *El español y los siete pecados capitales*, by permission of the author.

"La vida social del microbio," copyright © 1964 by Thomas Fleming. Reprinted by permission of Paul R. Reynolds, Inc., 599 Fifth Avenue, New York, N. Y. 10017.

"Valentía o locura," adapted from articles in *Diario de Navarra* (Spain), by permission of the publisher.

Selection from IBERIA, by James A. Michener. Copyright © 1968 by Random House, Inc. Reprinted by permission of Random House, Inc.

"El dios domesticado," adapted from an article in *Blanco y Negro* (Madrid), by permission of the publisher.

"El mundo se está volviendo sordo," adapted from "Males de nuestro tiempo: el ruido" and "Declaremos la guerra al ruido," by permission of *Blanco y Negro* (Madrid).

"Riesgos de la vida moderna," adapted from J. A. Valtueña, "Riesgos del actual modo de vivir," *Triunfo* (Madrid), by permission of the author.

"Autos + Gente = Problemas." Adapted from an original article by Ramón Frausto, *Life en español*, © 1967 Time Inc. Reproduced with permission of the publisher.

"El secreto de Brunequilda," adapted from Marco A. Almazán, "Virtud y diligencia," *Hablemos Magazine* (Mexico), by permission of the author.

Brasil	→	brasileña		Brasilia
Uraguay	→	uraguayo	→	Montevideo
Paraguay	→	paraguayo	→	Asunción
Venezuela	→	Venezolana	→	Caracas
Colombia	→	Colombiano	→	Bogotá
Ecuador	→	Ecuatoriana	→	Quito
Perú	→	Peruana	→	Lima
Chile	→	Chilexna	→	La Paz
Bolivia	→	Boliviana	→	Santiago
Argentina	→	argentino		Buenos Aires

1. m
2. m
3. m

CE

guantes- gloves
(de lana) of wool
Chalina - scarf
goro - cap (knitted)

pañuelo - handkerchief
bolsillo - pocket
bolsa - te bag